ちくま新書

考え続ける

石川善樹
Ishikawa Yoshiki

1491

考え続ける力【目次】

「人間はなにも創造しない。ただ、発見するのみである。新しい作品のために自然の秩序を求める建築家は、神の創造に寄与する。故に、独創とは創造の起源に還ることである」

（外尾悦郎著『ガウディの伝言』より、ガウディの言葉の引用）

はじめに

はじめまして、石川善樹と申します。本書は「創造的に考えるとは何か？」がコンセプトです。大まかにいうと三つのパートからなっています。

パート1　私が憧れる創造性のスタイル（第一章）
パート2　創造的に考える上で私が強く影響を受けた方々（第二章～第六章）
パート3　創造性に関する私の研究（長いあとがき）

もしかすると、気の早い方がいるかもしれないので、まずパート1の結論を述べます。

「わたしが憧れる創造性とは、却来の境地に達することである」

では、却来とは何か？　私はコトバの専門家ではないので、詳しい意味については誤解をしているかもしれません。しかし、いちいちコトバの正確な定義に立ち返っていたら、混迷だけが深まり前には進まないでしょう。あくまで自分が納得していればよい。とはいえ、あえて却来を定義するとすれば、次の通りです。

「却来とは、ある物事を新しくし、質を高めた後、また古くすること」

そしてパート1でみていくように、この却来という形式こそ、日本が世界に誇る創造のスタイルなのではないか。私は今、そのように考えています。

続くパート2（第二章～第六章）では、五人の賢人たちによる創造のスタイルを扱っています。ちなみにこの五賢人は、次のような特徴を持った方々です。

（全く異なる複数分野で）何度も創造性を発揮している日本人

後にも述べますが、ポイントとなるのは「全く異なる複数分野」ということです。もちろん、何か一つの分野で卓越した創造性を発揮できたら、それはすばらしいことです。しかし、それだけだと果たして天才の所業なのか、はたまた偶然なのかよく分かりません。ところが、いくつもの異なる分野で創造性を発露したというのであれば、その背景には何かしらのスタイル(方法論)があるのではないか。このように考えて、私がとくに尊敬する五人にお話を伺いました。

そして本書の締めとなるパート3では、私たちが取り組んでいる創造性の研究についてご紹介します。もちろん研究なので、創造性を数式化しないといけないですし、また具体的な事例を通して「これは面白い!」といわれるものを実際に創り出さないといけません。詳しい内容はご覧いただくとして、ここでも気の早い方のために、結論だけ述べておきます。

創造性 = f (Novelty, Quality)

Noveltyというのは「新しさ」、Qualityは「質」です。つまり、私たちは創造性を「新しさ」と「質」という二つの変数によって定義しているのです。勘のいい方はすでにピンときたかもしれませんが、「新」や「質」というキーワードはさきほどの「却来」の中でも出てきましたね。

……ということで、本書の全体像は以上のようになっています。あらかじめ誤解のないように申し上げておくと、本書は創造的に考えるための「型」なり「方法論」を提示するものではありません。あくまで「創造的に考えるとは何か？」というコンセプトに対して、「私はこのように取り組んでいる」というプロセスを示したにすぎません。

しかし、あえて未熟な私の取り組みを示すことで、読者の一人ひとりが「創造的に考える」上で相対的に自分の立ち位置が明確になるのではないか。そのように考えて本書を執筆しました。たった一つの言葉でもいいですし、一つの図表でもいいです。何かみなさまの思考にひっかかるものがあれば、これほど嬉しいことはありません。

それではさっそく、はじめていきましょう。まずは、「私が憧れる創造性のスタイル」について、世界に誇る日本の偉人たちを見ていくことにしましょう。

第一章

イノベーションの技法
――Think Different

(1) 人類史上、最も「Think Different」したのは誰か？

†まず「語源」からはじめる

あらためて、本書は「創造的に考えるとは何か？」をコンセプトにしています。ただ、「創造」というコトバはちょっと抽象的すぎるし、何をもって創造的といえるのかよく分からないので、いったん次のように問いを変えたいと思います。

「Think Different とは何か？」

……とはいえ、これも扱いづらい問いです。そもそも何かを「考える」ためには、次の問いをよく考える必要があります。

どこから考え始めるか？
どのように考えを進めるか？
いつ考えをまとめるか？

いうまでもありませんが、考えるスタート地点がズレていたらどこにも行きつきません。また、考えを進める方法論がないと、いくら時間を使っても思考は前に進みません。そして、時間は有限なので、いつかは考えをまとめないといけませんが、それはいつなのか。

これらはどれも重要な問いですが、本章では最初の「どこから考え始めるか？」について扱いたいと思います。

とはいえ、特に正解がある話ではありません。人それぞれ、クセがあると思います。つまり、「自分はどうも、○○から考え始めるクセがあるな」といった具合に。私の場合は「語源」から始めるクセがあります。ここで先ほどの Think Different に戻ると、「Different」とはどういう意味か。辞書で語源を調べてみると、「離れたところに置く」とあります。つまり、みんなが固まっているところから距離を取ることです。

私は、日本にいた時には「Think Differentなんて簡単！」と思っていました。日本では多くの人が同じようなことを考えているからです。例えば今だったら「ＡＩだ！」とか「ブロックチェーンだ！」とか、みんな同じようなことを考えているので、それと違うことを考えるのは簡単です。

しかし、海外では違いました。留学して気付いたのは、海外では基本的にみんな考えることがバラバラだということです。だから、少しくらい変わったことを考えても離れないし、違わない。そんな経験から、次のような問いを深く考えるようになりました。

「そもそも「みんな違う」という前提の中でさらに違うとは、一体どういうことだろうか？」

これが私にとってのThink Differentの出発点になります。今からおよそ十数年前のことです。

私の疑問は、現在のビジネスの状況とも似ているかもしれません。コグニティブ（認知）化が進んで競争が激しくなった。たとえばビールにしても、昔は数えるほどの商品しかなかったのが、今は大変な種類の商品があり、発泡酒や第三のビールといったものまで売られています。細分化がどんどん進んでいくと、どんな分野やカテゴリーもやり尽くされているように感じられる。そのなかでイノベーションを起こすためには、みんなが違う中でさらに違うことを考えなければなりません。こうしたThink Differentが求められているのは、ビジネスも研究の世界も同じなのです。

†人類史上、最もThink Differentした人は?

ここで、唐突ながら「ニュートンとアインシュタインは、どっちの方がよりThink Differentしたんだろうか?」という問いを考えてみましょう。そんなことわかるはずがないと思うかもしれませんが、イノベーティブな発想をした人物は、多くの人に参照されているはずです。それを定量化すれば、Think Differentランキングのようなものが導けます。

そういった試みの一つとして、MITメディアラボのセザー・ヒダルゴ氏が考案した「ヒストリカル・ポピュラリティ・インデックス(HPI)」という指標をご紹介しましょう。

これは簡単にいえば、Wikipediaを見て、「その人のページが何カ国語に訳されている

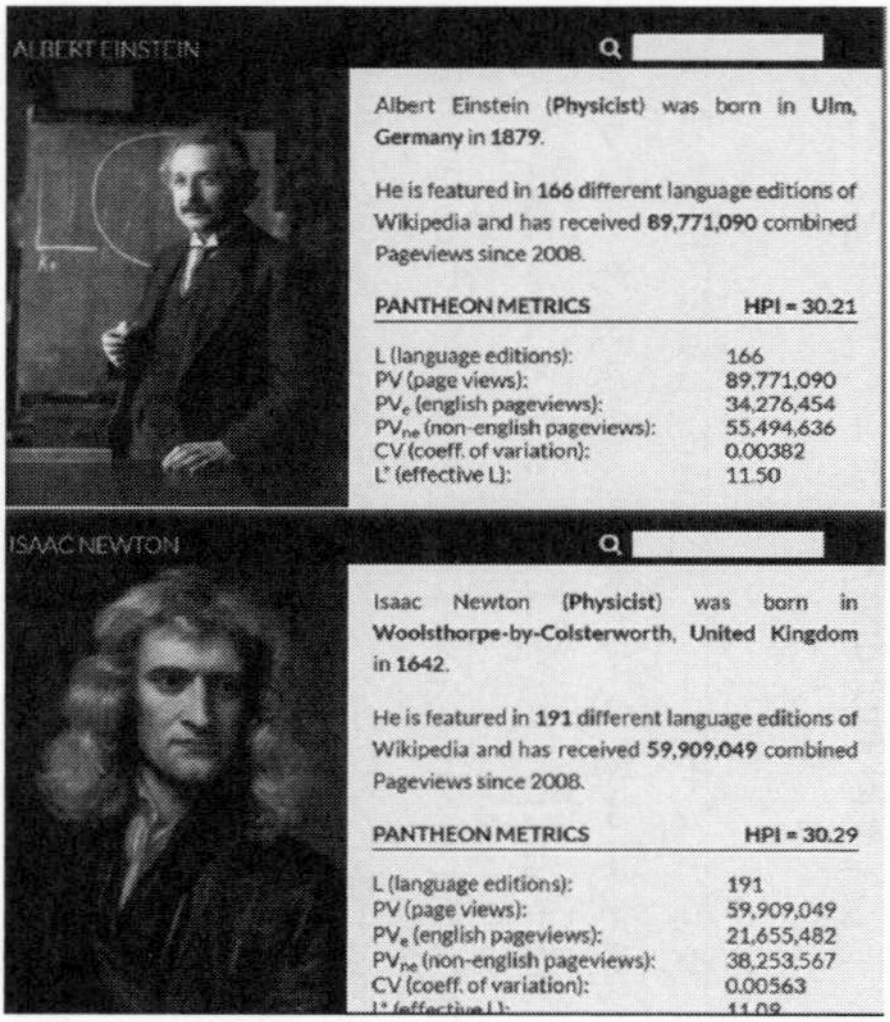

出典　https://pantheon.world/

か？」と「どれくらいのページビューがあるのか？」という二点を計算して、歴史上の人物の影響力を点数化したものです。

　この指標を用いて、アインシュタインとニュートンを比べてみましょう。アインシュタインのＨＰＩは三〇・二一です。この数字が大きいほど影響力も大きい、つまり「Think Different した！」ことになります。具体的に見ると、アインシュタインは一六六の言語に訳され、二〇〇八年以来、八九〇〇万回閲覧されています。

　では、ニュートンはどうか。ＨＰＩは三〇・二九で、一九一の言語に訳されています。したがって、アインシュタインとニュートンを比べると、僅差ですがニュートンのほうが影響力が上回っていることになります。さらに世界全体のランキングで見ると、この二人はちょうど一位違いで、二三位がアインシュタイン、二二位がニュートンなのです。

ここまでくると、「人類史の中で一番Think Differentしたのは誰か？」と気になってきます。そこでランキングを見ると、三位の銅メダルはキリストです。ちなみにブッダは二六位です。二位の銀メダルは古代ギリシアの哲学者プラトン。そして、一位の金メダルは、プラトンの弟子であるアリストテレスでした。私はこれを見て、「そうか。創造性を考えるとは、アリストテレスを学ぶことなんだな！」と思ったのです。

†日本人で最もThink Differentな人は？

しかし、少し冷静になって「とはいえ外国人だと直観的に理解できないかも。まずは日本からいこう」と思い直し、今度は日本人のＨＰＩランキングを調べました。日本のみならず、諸外国に影響を与えたという意味で、あくまでもWikipedia調べですけれども、誰だと思いますか。まず、一〇位から二位までを紹介しましょう。

一〇位　豊臣秀吉
九位　紫式部

八位　宮崎駿
七位　宮本武蔵
六位　神武天皇
五位　徳川家康
四位　葛飾北斎
三位　昭和天皇
二位　織田信長

生存している人で唯一入っているのは、宮崎駿監督です。では、一位は誰か？　日本人でありながら、国内外に多大なる影響力を与え、今でもたくさんの人に見られている人は誰なのか？

意外なことに、松尾芭蕉でした。芭蕉は一〇一の言語に訳されている。ならば、まずは松尾芭蕉から学ぶべしです。

芭蕉といえば、多くの人が思い浮かべるのが「古池や蛙飛び込む水の音」という俳句です。みなさん、この俳句がすごい理由を習ったことがありますか？

古池や	蛙	飛び込む	水の音
侘び	雅	下品	寂び

私は友人に教えてもらいました（ので間違っているかもしれませんが、とても納得しているのでご紹介します）。

まず「古池や」は「侘《わ》び」を示している。ポイントは「古池」と「池」の違いです。池というのは、水があるなら何年前にできていたものであれ、池です。しかし、「古池や」と言われたら、かつて池だったもの、死んだもの、涸れたものをイメージする。これが当時の人の発想です。だから「侘び」なのです。

「蛙飛び込む」は、「雅さ」と「下品さ」の象徴です。『新古今和歌集』以来、蛙と鶯は鳴き声が雅であることの象徴でした。ですから、蛙が出た瞬間に上品さをイメージする。歌の中では普通、蛙が出てきたら必ず鳴きます。なのに、その蛙を登場させながら、鳴かせずに飛び込ませる。「なんて下品なんだ！」ということになります。

ここまでだけでも、いろんなドラマチックなことが起きていることがおわかりでしょうか。「かつて池だったもの」に、いないはずの蛙が出てきて、鳴くのかと思ったら、飛び込む。「はあ？　どこに飛び込んでいるんだ？」と感じます。

そして最後の「水の音」は「寂び」です。「寂び」というのは、物事や生命の本質がみずみずしく現れているということですが、ここで初めて「あ、池は死んでいなかったんだ！」と気づきます。人里離れたところで忘れ去られているけれど、今でも存在しているということです。

つまりこの句は、「生命のいない白黒の世界」からはじまり、さいごは「みずみずしい生命あふれるフルカラーの世界」へと大展開を遂げているのです。

いま説明したように、「古池や蛙飛び込む水の音」という俳句は、「侘び」「雅」「下品」「寂び」が融合している。当時の人からすると、一句のなかでさまざまなドラマが起きている。これが松尾芭蕉のすごさです。

では、芭蕉をThink Differentという観点から分析するとどうなるでしょうか。つまり、芭蕉の発想を、一般化するにはどうすればいいか。私が見いだした「Think Differentの極意」をこれからお話していくことにしましょう。そのためにも、少しだけ寄り道をさせてください。

（2）思考のための三つのネットワーク

†三種類の思考モード

まず「発想」ということを、脳科学から考えてみましょう。

発想に使われる脳のネットワークは、三種類あります（［図1-1］）。それぞれデフォルト・モード・ネットワーク（以下、DMN）、セイリエンス・ネットワーク（以下、SN）、エグゼクティブ・ネットワーク（以下、EN）と呼ばれていますが、いずれも得意な思考法が異なります。

DMNは「直観」を使って、アイデアの量をとにかく出すときに活性化します。

一方、SNは出たアイデアを三つに絞るようなときに使われます。これは「大局観」と呼ぶべき考え方です。

脳のサブネットワーク	アイデア	思考モード
DMN	100	直観
SN	3	大局観
EN	1	論理

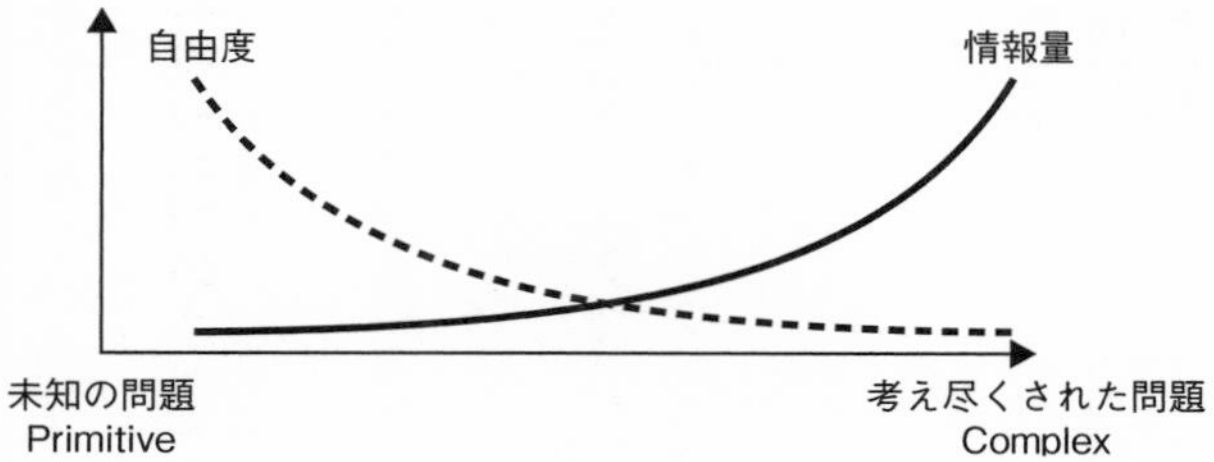

［図1-1］

最後に、絞られた三つを「論理的」にひとつに決める必要があります。ENが活性化するのは、このときです。直観で発想しているときは「あれ、ちょっと待てよ?」、大局観は「そもそも、これはどういうこと?」、論理は「ということは、こう?」というセリフが口から出てくるようなイメージです。

実は「男女の間に友情は成り立つのか?」といった世の中で考え尽くされた問題と、「人工知能はファッションにどう役立つのか?」といった誰もあまり考えたことのない問題では、解決に適した思考法は異なります(［図1-1］)。というのも、分析すべき情報量が違うからです。何も調べずに考え始められるような新しい問題には「直観」が有効です。一方で他人の思考を

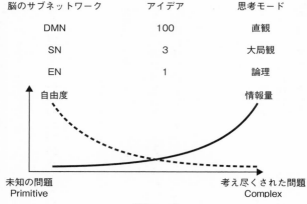

ある程度調べなければ解決に結びつかない問題では、「論理」を使って情報を整理する必要があります。一方で、あらゆる人に考え尽くされた問題を解くには、「大局観」が必要になってきます。なぜなら、大量の情報を新しい切り口で考え直して、誰も考えていない空白地帯を見つけなければ、答えにはたどりつかないからです。

†好き嫌いや流行を超えて

新しいアイデアを生み出すためには、三つのネットワークを自在に行き来しなければなりません。私はファッションに関心がありますが、それもこのネットワークの行き来と関係しています。ファッションというのは、大局的に過去の歴史を振り返った上で、予想できない新しい方向へ向かう動きが多いからです。

シャネルや、ディオール、サンローランといったブランドのコレクションを見ていると、デザイナーたちが何を企んでいるのかがわかります。直観的な好き嫌いや論理的な思考だけですべてが決定されているのではなく、ファッションという大きな歴史のなかに商品が位置づけられている感覚があるのです。単なる好き嫌いや流行《はや》りの問題に終始しないといってもいいでしょう。だからこそ、これらのブランドは、ファッションのニッチな領域に留まらず、広大な世界を切り開いていくことができる。どれかひとつのネットワークしか使えないと、本当にクリエイティブな発想をすることは難しいわけです。

そして三つのなかで最も鍛えることが難しいのは、大局観です。論理的思考のトレーニングは、ロジックのパターンを学べばいいのですから比較的簡単です。直観は、突き詰めれば好き嫌いのことなので、新しい体験をして好きと嫌いを判断する基準の精度を上げていけばいい。ただ、大局観を鍛えるためには、何事においても「そもそも」を考える必要があります。「そもそもファッションとは何か?」といった哲学的な問いに取り組む必要があります。

(3) 日本人と大局観

†大局観とはなんぞや

大局観として理解するとはどういうことか。たとえば狩野派が描いた『洛中洛外図屛風』という作品があります。これは京都を描いたもので、よくみると橋や人の着ている衣服や履き物などがすごく細かく描かれています。ですが、全体としてみると、大部分が雲でおおわれています。

なぜ『洛中洛外図屛風』は、こういった描き方をしているのでしょうか。京都というものを要素に分解して再構築すると、どんなに時間があっても描き尽くすことはできません。西洋の絵画はどちらかというと分解して構築する感じですが、日本の画家は、京都というきわめて複雑なものをロジックとして分解することは無理だと悟りました。

そこでとった手法が『洛中洛外図屛風』のようにビッグピクチャーとしての京都と、いくつかのディテール、そのあわいを「間《ま》」としてごまかした。ビッグピクチャーとディテールは、ロジックで繫ぎようがないほど複雑なのです。だからそこは間《ま》でいいじゃないかと無意識的に判断し、ビッグピクチャーとディテールだけを描いて、あとは雲の中に隠してしまった。私はそのように理解しました。ビッグピクチャーとディテールの間を行き来しながら現象を理解していくことが、大局観を持つためには重要なのです。

†日本人は大局観が得意かもしれない

じつは、大局観を持つのが得意な文化というものがあります。意外かもしれませんが、日本文化がそうなのです。

その理由を文化心理学という学問分野から説明しましょう。文化心理学とは、世界各国の文化を調査し、何が共通し、何が異なっているのかを調べる学問分野のことです。文化心理学の知見によると、世界の文化はおおざっぱに次の四つに分けることができるといいます。

洛中洛外図屛風（右雙）

まず初めに、AとBという相反するような事象が生じた時、A and Bというように両者総取りをしたがる共同体的な文化圏がある一方、A or Bというようにどちらかに決めたがる個人主義的な文化圏があります。

もう一つの軸は、主張が強い文化圏と、謙虚な文化圏です。一般的に主張が強い文化圏では、多ければ多いほど良い（More is better）という考えになりやすい一方、謙虚な文化圏では少なければ少ないほど良い（Less is more）という考え方になりやすいようで

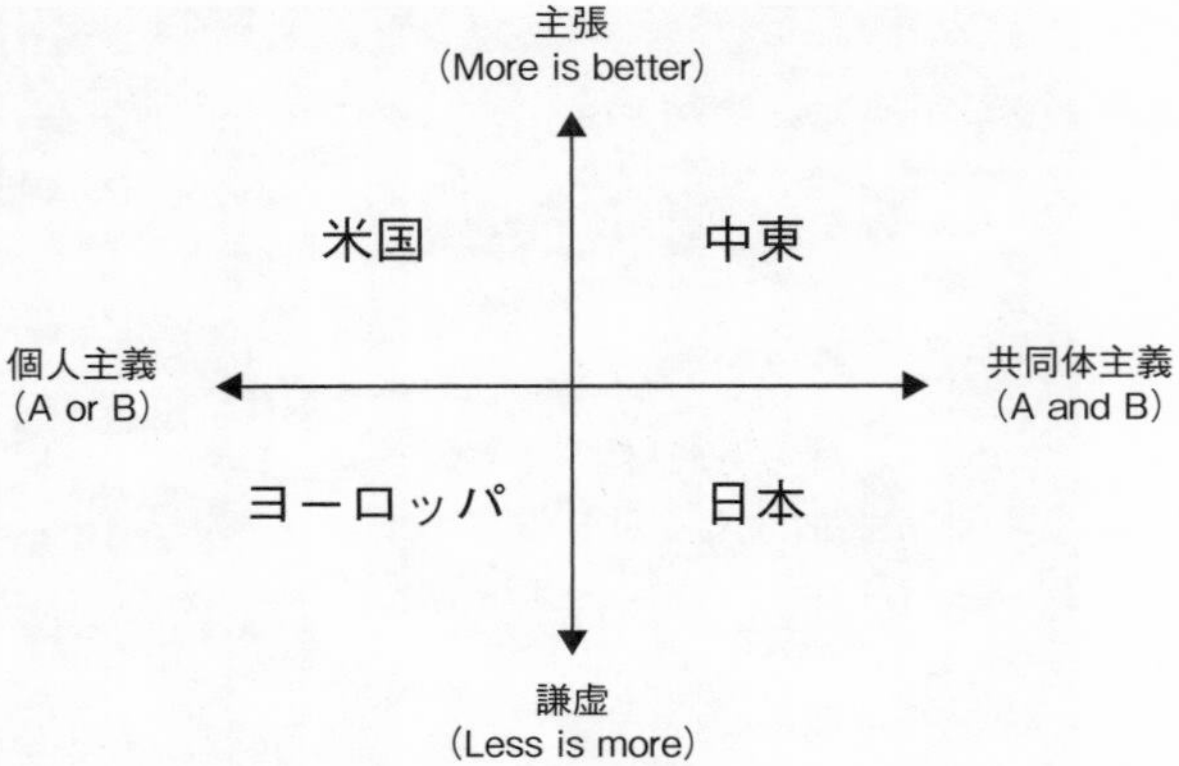

[図1－2]

す。

さて、以上で述べた二軸を組み合わせると、世界の文化圏を［図1-2］で示したように、四つに分けることができます。

ここからの話は私の勝手な推測も入りますが、このダイアグラムに基づけば、おそらく日本は右下に位置することになるでしょう。すると改めて気が付くのが、日本の面白さ、そしてややこしさです。A and Bなのに、Less is moreなのです。たとえば、多くの人の意見を統合的に取り込みたがる割には、端的な合意点をピンポイントで探し出したがるといえばよいでしょうか。

そんな日本の正反対にあるのが米国です。A or Bとはっきり決めたがり、さらにによりあればあるほど良い（More is better）という文化を持っています。もちろん、個人個人で見ればそうでない人もいますが、あくまで大まかな傾向の話をしていると思ってください。

米国と同じように主張が強い一方、共同体主義的なのが中東諸国です。これは何を意味しているかといえば、米国も中東もお互い主張が強いものの、何のために主張しているのかが違うということです。米国はあくまで「個人」のために主張しているのに対して、中東は「集団」のために主張している傾向があるわけです。

米国とおなじように個人主義的でありながら、謙虚な文化を持つのがヨーロッパです。謙虚さという点で日本と多くの共通点をもつからこそ、ヨーロッパの人と日本人とでは（アメリカ人よりも）話が合いやすいのかもしれません。

さて、文化心理学の知見に基づき、きわめて大胆に世界の文化圏を四つにわけてみました。繰り返しますが、個人を見ればそうでない人はたくさんいるでしょうし、同じ国の中でも地域によって当然文化性は異なります。そのような細かい違いはいったんここでは無視して、あくまで大局的に世界の文化をおおざっぱに分けるとすればこのようになるのではないか、という仮説であることは繰り返しご留意ください。

では、この四つの文化区分と大局観とがどう関係しているでしょうか。まず、A or B

という個人主義的な文化は、分析的・論理的な思考をする傾向が強いのです。それに対して、A and Bのほうは、統合的、包括的な思考をしやすいといえます。

もう一つの軸であるMore is betterと、Less is moreを比べると、後者のほうが本質を求めるのです。とすると、日本はいろんなものを統合して取り込むと同時に、その本質を探し出そうとするという特徴を持っています。これは先述したビッグピクチャーとディテールを行き来していることになりますから、大局観と親和性が高いわけです。

余談になりますが、おそらく、日本人の意思決定が遅いのもここに原因があります。いろいろ意見を取り込みたがるけれど、同時に本質を絞り込みたい。間口は広いけれど、出口は狭い。だから時間がかかります。しかしそれは、大局観を持つには格好の下地になっているのです。

(4) 大局観が生まれる状況

†大局観が生まれやすい状況

文化圏という大きな話をしたので、もう少しミクロな解像度で、大局観が生まれやすい状況を考えてみましょう。

さきほど、直観と論理と大局観という三つの思考モードを紹介しました。それに重ねていえば、直観は「ひとりで、ぼーっと」したときに生まれやすく、論理は「みんなで、議論」したときに生まれやすい。だから、会議のブレスト（ブレインストーミング）でクリエイティブなアイデアが出ることはまずありません。会議でブレストをしても、アイデアに関する論理的な精査が起こるだけで、ひらめきのような直観的なアイデアはひとりの時間のほうが出るものです。

でも、直観は大局観とは違います。ならば、大局観が生まれるのは、どういう状況でしょうか。

これは私の仮説ですが、ひとり／みんなという軸に加えて、DoingとBeingという軸を設定すると、大局観に適した状況が浮かび上がります。ここでいうDoingとは、目的のある行動や活動のことであり、Beingは目的なく、「ただいるだけでよい」というような

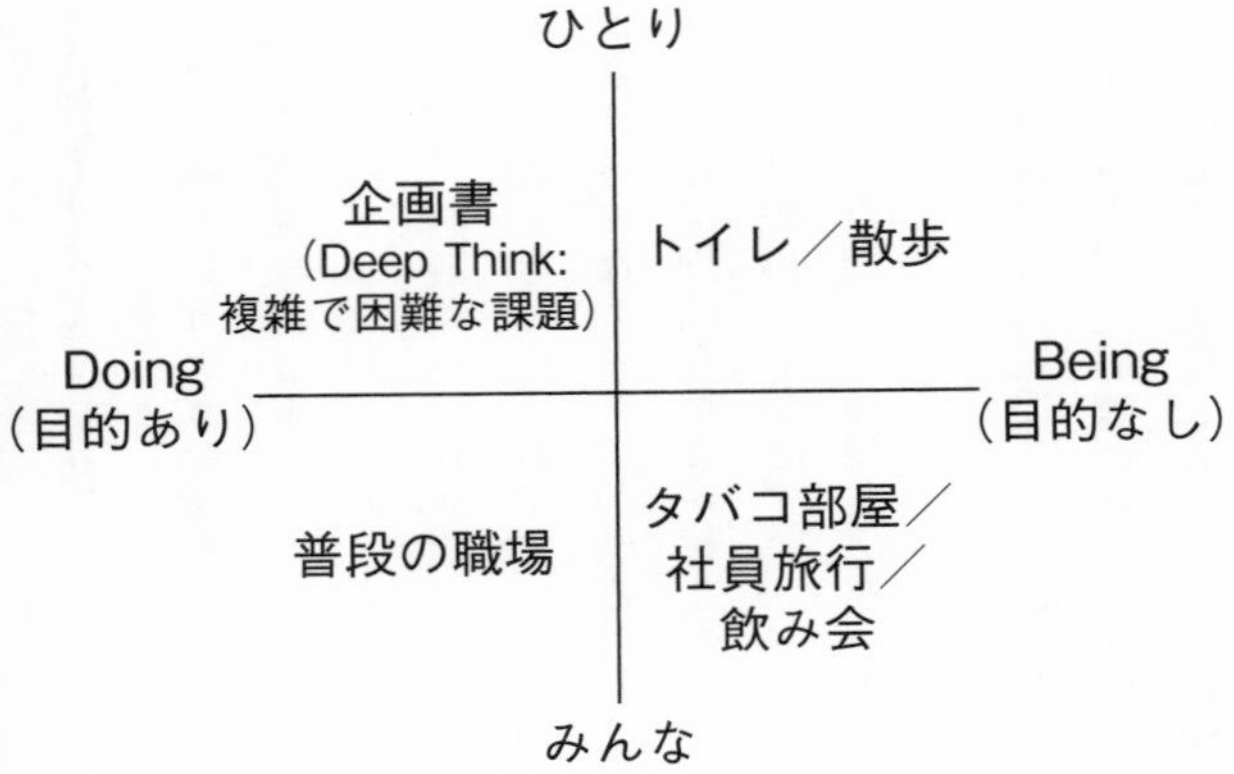

［図1－3］

状況のことです。

この二つの軸で、さまざまな状況をマッピングした図をつくってみました（［図1-3］）。

「ひとりでBeing」は、トイレの中や散歩をしているようなときです。「みんなでBeing」は、タバコ部屋や社員旅行、飲み会のように、みんながリラックスできているような状況をいいます。それに対して、Doingのほうは、「ひとりでDoing」だと企画書を書くような、根を詰める作業が典型的ですし、「みんなでDoing」は会議のような普段の職場だとお考えください。

それではこの四種類の状況のなかで、大局観が生まれやすいのはどこか。

たとえば飲み会のことを考えると、細かい仕事や人間関係の愚痴を言い合う一方で、「仕事というのはさ……」「人生っていうのはね……」という巨視的なことも考える。つまりディテールとビッグピクチャーを行ったり来たりするわけです。これは思考が大局観モードに近くなっているからです。会議の場ではどうしても論理モードが強くなるので、いくら打ち合わせをしても「人生ってのはさ」という話にはなりません。

ということは右下の「みんなでBeing」している状況は、大局観に入りやすいと考えてよさそうです。さらに大局観になりやすいもうひとつの領域があります。それが左上の「ひとりでDoing」です。

企画書のような文章を書く場合、全体像をにらみながらディテールに落としこんでいくことが求められます。つまりここでもビッグピクチャーとディテールの行き来がありますから、大局観モードになりやすいのです。

ですから先ほどの図に、直観・大局観・論理を重ね合わせると、次のように整理できます（[図1-4]）。

・直観：ひとりでBeing
・論理：みんなでDoing

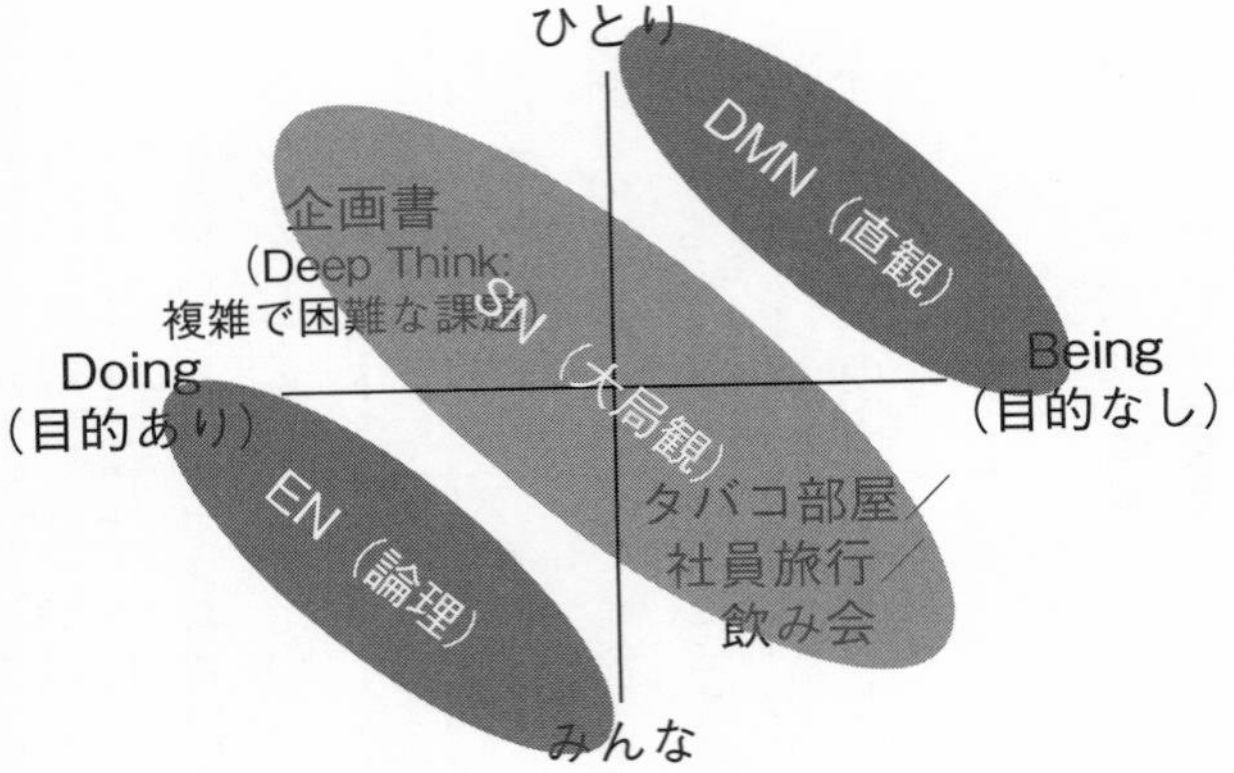

［図1－4］

・大局観：　ひとりでDoing
　　　　　　＋
　　　　　みんなでBeing

多くの学生やビジネスパーソンの時間配分を見ると、「みんなでDoing」に偏っていて、直観や大局観を磨く機会は少ないように見えます。しかし、Think Differentを深めるためには、この四種類の状況をバランスよく経験することが重要です。

†みんなって誰

ここで「みんな」という概念に注目しましょう。「みんな」といっても、いろいろあります。部署全員なのか、二〜三人のグループなのか、はたまた会社全員なのか。

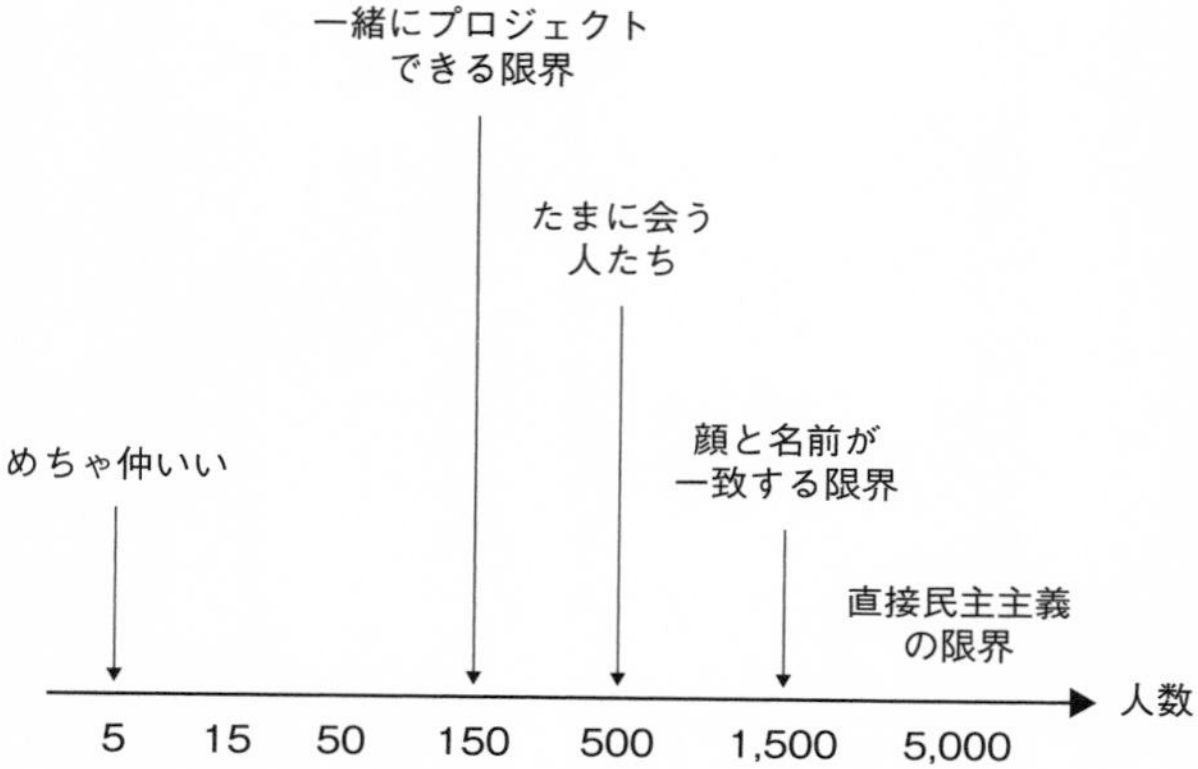

［図1－5］

ネットワーク科学の知見には「三倍の法則」と呼ばれるものがあります。これは、一人の人間がつながれる数を示すものです（［図1-5］）。

図にあるように、めちゃくちゃ仲のいい五人から約三倍ずつ増えていって、五〇〇〇人で打ち止めです。五〇〇〇人は直接民主主義の限界といわれる数であり、Facebook友だちの上限人数も五〇〇〇人になっています。つまりどれだけデジタルが発達しても、人間の脳の大きさが変わってないから、ひとりの人間が知りえる人数には制約条件があるわけです。

さらに、一緒にプロジェクトできる限界の人数は一五〇人とされています。ですから、創造的なアイデアを生み出し、実現するのであれば、一五〇人ぐらいのプロジェクトが限界になるということです。

　では、少人数と大人数のどちらが、より革新的なアイデアを出せるでしょうか。これは大方の人が予想するように、少人数です。私の研究仲間でもある永山晋さん（法政大学准教授。クリエイティビティの研究をしています）から、革新的な論文、アイデアを出すチームは、少人数で研究が行われている一方で、何かを改善するときは、大人数のチームで行われていたという研究があることを教えてもらいました（［図1-6］）。

†少人数のチームとは何か?

　そこでより話を絞って、理想的な少人数チームのあり方を考えてみましょう。これも永山さんから教えてもらったことですが、マックス・マーティンという音楽家が非常にいいヒントになります。

　マックス・マーティンは、もともとバックストリート・ボーイズとかブリトニー・スピアーズをプロデュースしたことから始まって、三〇年間にわたって活躍し続けている敏腕音楽プロデューサーとして知られています。

　二〇〇〇年代にはボン・ジョヴィやケリー・クラークソン、二〇一〇年代に入ってから

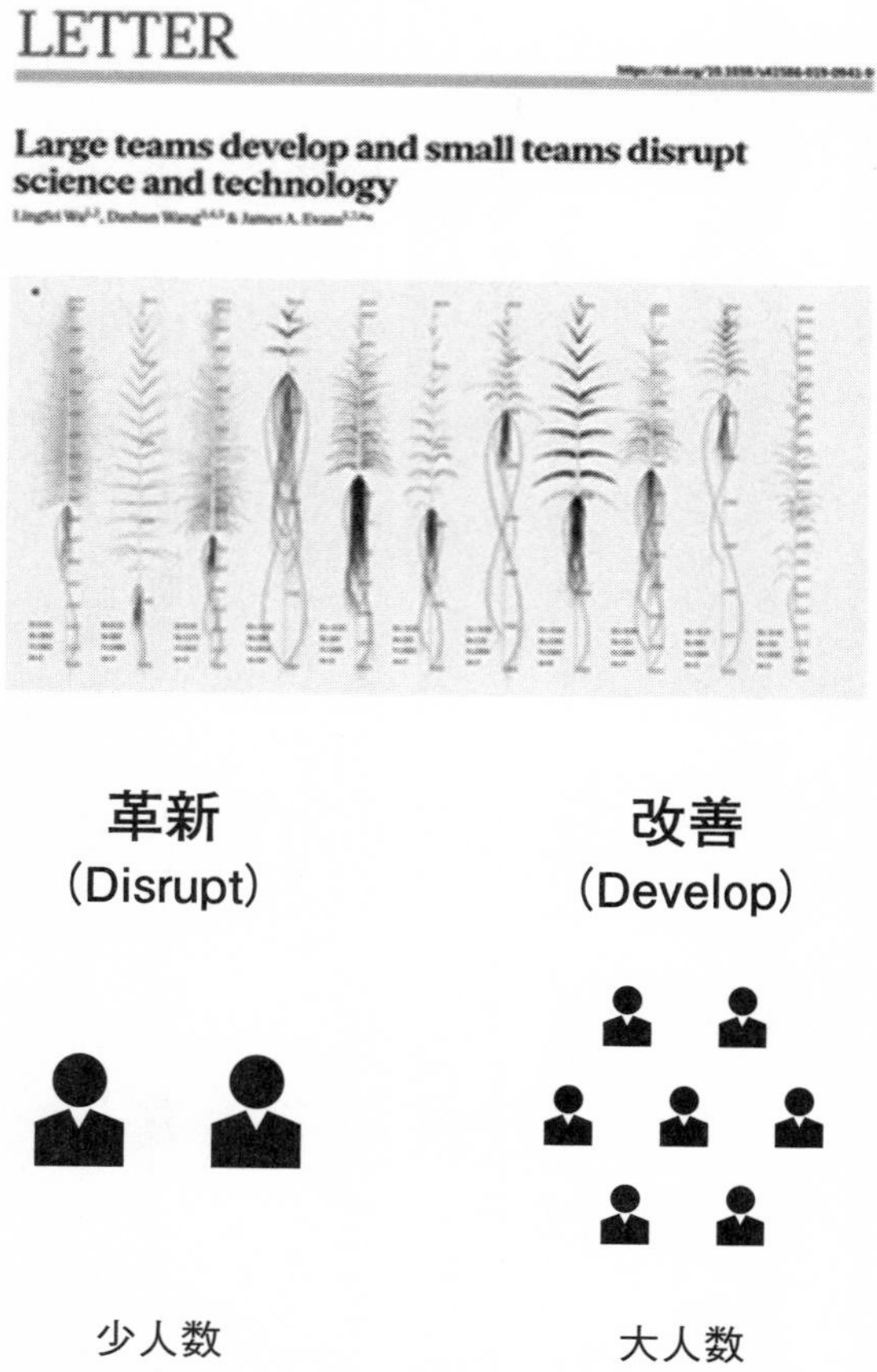

Wu, L., Wang, D., & Evans, J.A. (2019). Large teams develop and small teams disrupt science and technology. Nature, 566 (774), 378.

[図1－6]

はマルーン5、テイラー・スウィフト、ジャスティン・ティンバーレイクらをプロデュースしました。そしてビルボード一位獲得回数二二回は、ポール・マッカートニー、ジョン・レノンに次ぐ史上三位という記録をもっています。これだけ移り変わりの速い時代にあって、なぜ彼だけこれほど長い期間にわたり大ヒットを飛ばし続けることができたのでしょうか。

マックス・マーティンが誰と組んでいるかに注目すると、その多くが若手です。これは何を意味しているのでしょうか？　先ほどの永山さんによれば、次の通りです。

「幅広い知識や経験を備えたシニア」と、「カッティングエッジな知識を持つ若手」の組み合わせこそが、最も破壊的なイノベーションを起こしやすい。

このような視点であらためて世の中をみると、実に多くのイノベーションが「ベテランと若手」の組み合わせで起きていることに気がつきます。

†構造を把握する

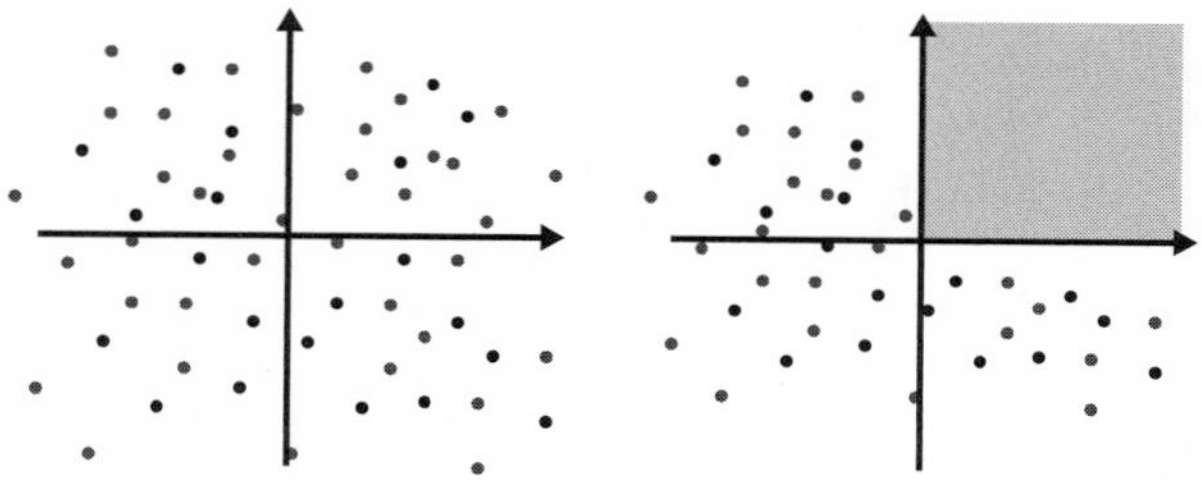

［図1－7］

なぜ、ベテランの存在が必要なのか？　それは一言で言えば、ベテランだからこそ持ちえる「大局観」です。そこでいよいよ、大局的に物事を見る方法を紹介しましょう。

やや抽象的になりますが、たとえば同じように複雑で多様な現象も、視座の「軸」を変えることで、大きな空白地帯を見つけることができます。

よくマーケティングなどでは、縦軸と横軸で、自社や他社の商品をマッピングします。でも、スマートフォンを考えるにしても、昔と違ってこれほど多様な商品が次々に登場すると、［図1－7］の左の図のようにやり尽くされているように思えてしまいます。でも右の図のように軸のとり方をちょっと変えると、「まったく手がついてないブルーオーシャンがある！」と発見することができます。これが大局的に捉えるということです。

ワクワクするのは、ここからです。これまで散々いろんな物事を考えてきた結果、大局観を活用したイノベーションには、三段階あると思うようになりました。図にすると次のようになります（図1-8）。

普通の人の目には、もう「やり尽くされている」ように思える事象でも、視座の「軸」を変えることで、ステージ1のように「右上空いてるなー」と捉えることもできるし、ステージ2のように「うお！　三象限がぽっかり空いてるじゃん！」とも捉えることができます。

さらにすごいのはステージ3で、「実は今までやられていたことは点に過ぎなかった」と見抜くことができれば、もう後はイノベーションし放題です。

†トレードオフ構造を探せ

このような大局観を磨くためには、頭で分かっていても不十分であり、日頃から訓練することが大事です。日常生活の中で目にするものについて、自分でさまざまな軸を作り、スケールを変えて構造化してみる。私も大局観を鍛えるために、次々とマップをつくって

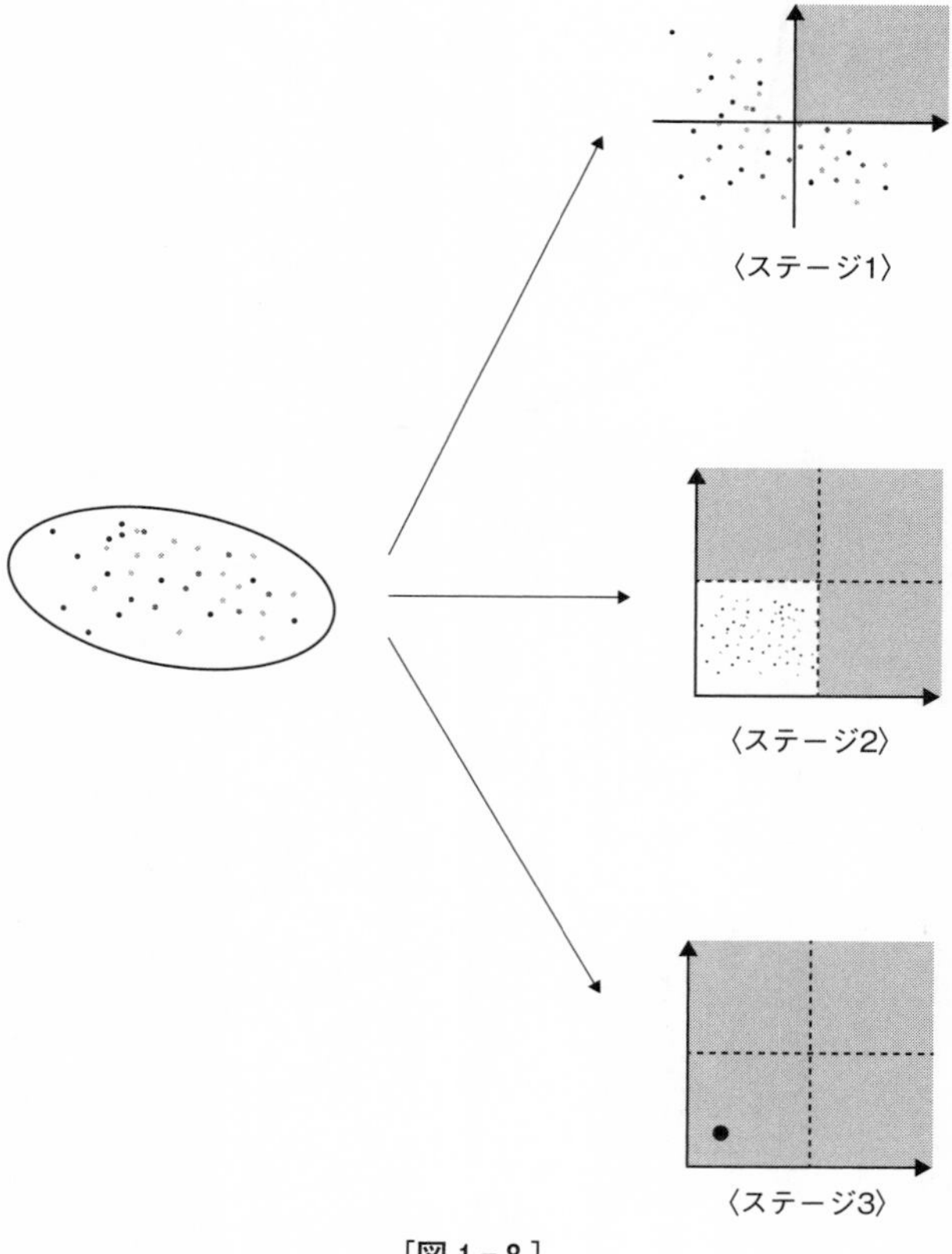

［図１－８］

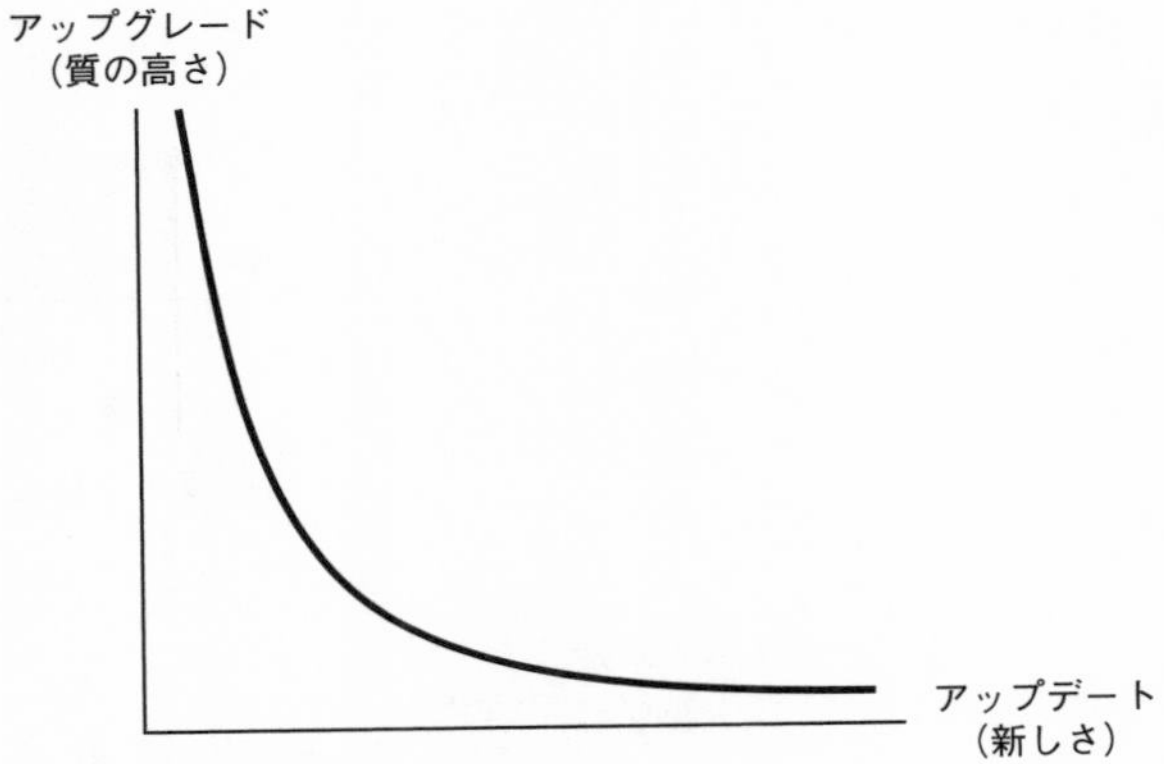

[図1－9]

ポジショニングすることをやり続けました。

ただ、いいマップをつくるコツはあります。私の師匠の一人でもある、日本が世界に誇る天才イノベーター・濱口秀司さん（第三章で登場）の受け売りですが、「トレードオフ構造」です。トレードオフ構造を見つけたらこっちのもの」です。トレードオフ構造というのは「あちらを立てればこちらが立たず」という関係です。

たとえば、「アップデート」と「アップグレード」の間には、トレードオフ構造が存在していると考えられます（[図1-9]）。

極めて乱暴に議論を単純化しますが、アップグレードはディテールを磨いて、「質」を高めることだとしましょう。たとえば和食をどんどん繊細な味にしていったり、映像の画質を高めていったりするのはアップグレードです。

それに対して、アップデートは、ビッグピクチャーで捉える「新しさ」です。たとえば、日本料理という枠組みでは、ケニア料理をマッピングすることはできない。世界の料理を大局的に見ることで、ケニア料理を位置づけることができるわけです。

ここで重要なのは、質と新しさはなかなか両立しないということです。質を高めるだけでは、新しさを感じにくいし、新しすぎると質がわからない。日本人は、質の高い和食にあまり新しさを感じません。逆にケニア料理は、新しいけど質があまりわからない。

スケールをチェンジしていくと、大体このどちらかに進むわけです。日本は質を高めるアップグレードが好きです。逆にアメリカは、まったく新しいものを作りたがる。でも、破壊的イノベーションと呼ばれるものは、新しさと質を両立させたところに起こるものなのです。

†芭蕉のすごさをどう構造化するのか？

さて、長い寄り道になりました。ようやくここまでの話で、芭蕉のすごさを大局的に理解できる準備が整いました。

アップグレードとアップデートという枠組みを使って、さきほどの芭蕉の句を整理します。

もともと「和歌」というものがありました。「和歌」は雅なるもの、優雅なるものでした。まず横軸にアップデートというものを引いてみましょう。新しさという軸です。「何が新しいのか?」というと、もともと「和歌」というのは、貴族が詠んでいたものです。

これに対してターゲットを大きく変えることによって、俳諧というものが生まれました。和歌と違って、蛙が飛び込むような、極めて下品でふざけている。これがアップデートという軸です。

縦軸にアップグレード、質の高さというのを取ってみると(見えてきますが)、芭蕉がやったことは、俳諧に「侘び」「寂び」を入れてアップグレードしたんです。それに対して貴族たちは、「和歌」を「質が高いもの、質が高いもの」へとアップグレードし続けていました(図1-10)。

こうして見ると、芭蕉のすごさは何かというと「まず新しくした後に、質を高めた」というところです。先述したように、どうしても私たち日本人というのは、「質」を高めたくなります。でも一度、左上(さらに質の高い和歌)に行ってしまうと、それは既存顧客

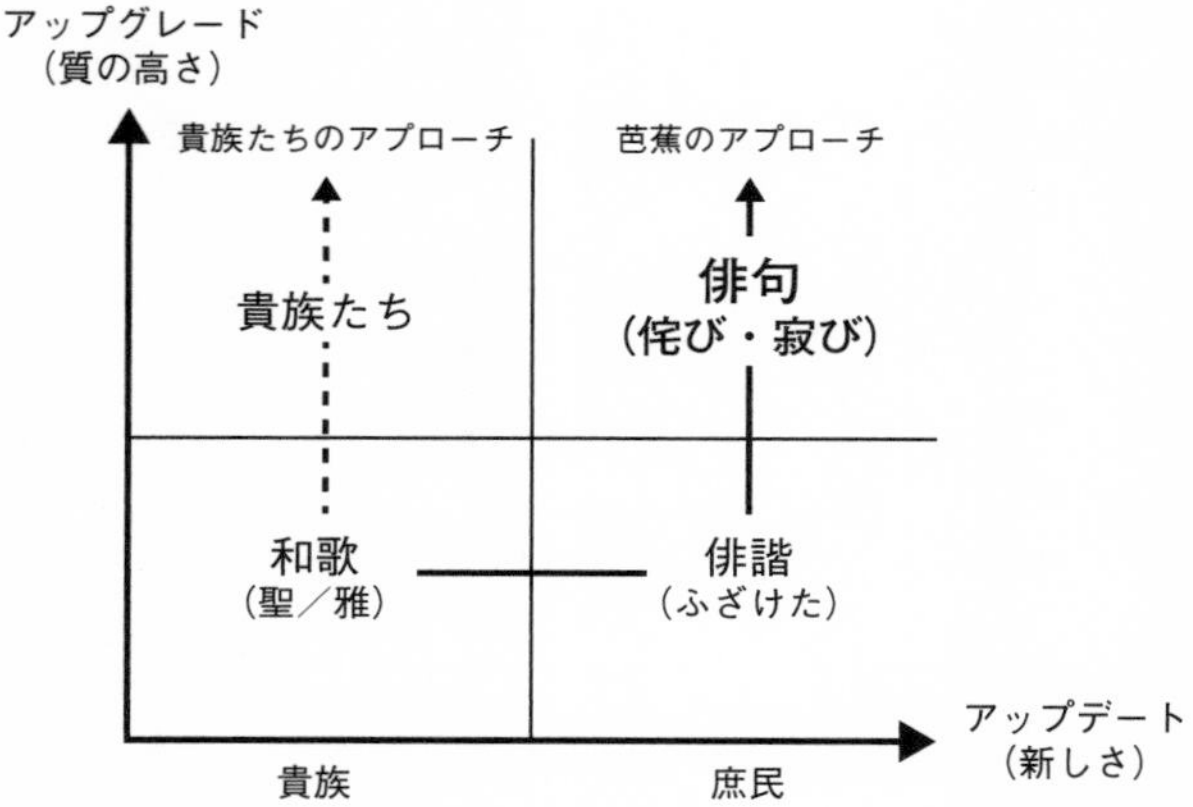

［図1-10］

（貴族）に過剰適応しているので、新しいターゲット（庶民）に展開していくのが極めて難しい。

たとえば、東京で生まれたサービスは質が高くなってしまっているから、地方展開が難しいでしょう。こういう言い方をしては失礼かもしれませんが、ニトリにしろ、ユニクロにしろ、地方発のロークオリティのもののほうが、いろんなターゲットに響きやすい。彼らが質を上げるのは最後です。

ですから、芭蕉に私たちが学べることがあるとすると、「まずは質の高さはどうでもいい。一回新しくした後に質を高める。これが日本流のThink Differentなんじゃないか」ということが言えるわけです。逆に、先に質

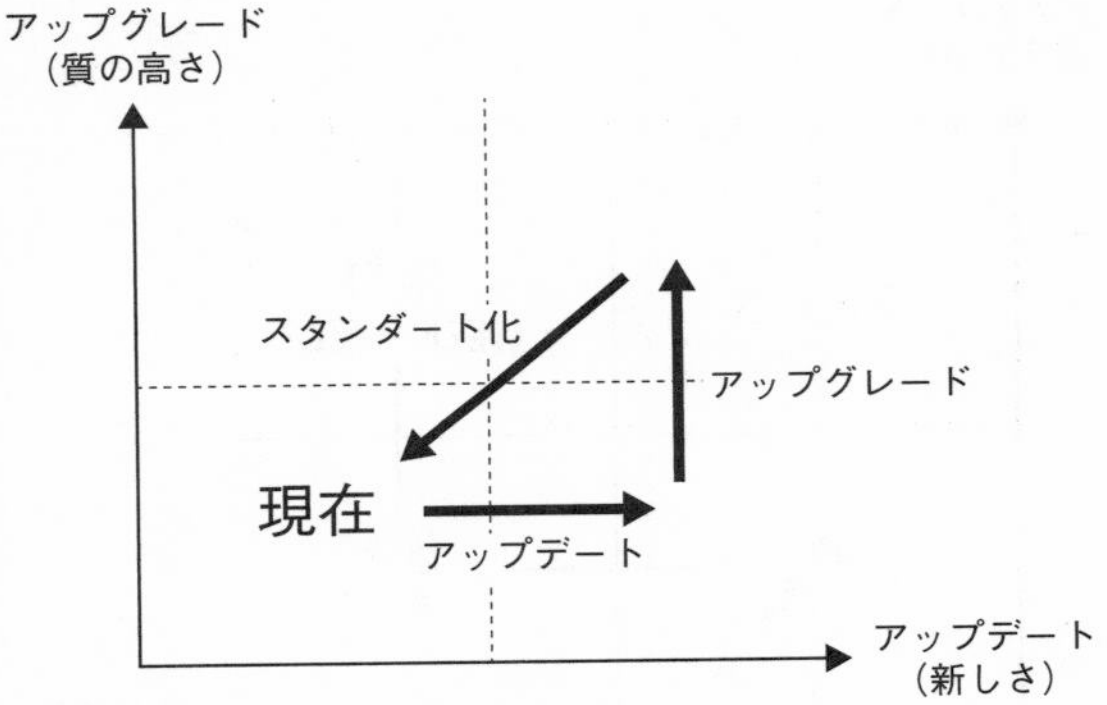

［図 1-11］

を高めてしまうと、いわゆる「イノベーションのジレンマ」に陥ってしまう。既存顧客なり既存市場に過剰適応してしまって、新しく現れた「質は低いが新しいもの」に駆逐されてしまうのです。

✝ Think Different の最終形

本章のしめくくりに、私の考える Think Different の最終形を紹介しましょう。新しくしてから質を高める。これが芭蕉に学ぶ Think Different の鉄則でした。しかし、そこに至っても、いつか「創造的」と考えられる時期は過ぎ、気がつけば「スタンダード化」して当たり前のものとして認識されるようになります。だからまた、そこからアップデート→アップグレードを繰り返していく。いわば、Think Different は終わりなき旅のように思えます（［図1－11］）。

この永遠のトライアングルから抜け出す道はあるでしょうか。そのヒントは世阿弥にあると考えています。

世阿弥は六〇〇年続くものを作った人物です。六〇〇年前にあるものを作り、それがほとんどかたちを変えずに残っている。（極論を承知で言いますが）アップデートもアップグレードもしていない。しかも彼は、自分で脚本を書き、自分で演じ、自分で評論もした。書いて、演じて、評論したのは、世界で世阿弥しかいません。シェイクスピアは書いただけです。そんな世阿弥が何をしたかという話をして、本章を終えたいと思います。

能というのは元々、大和猿楽といって猿回しでした。猿回しが主で、人がちょっと踊っていたのですが、だんだん人が踊る方が主になっていったんです。そして六〇〇年前は、地獄の様子を描いた能が流行っていた。お寺とかで、「地獄はこんなに怖いところであるぞ」という能がずっと演じられていました。それを、「地獄をテーマにしている場合じゃない」とアップデートしたのが観阿弥と世阿弥です。彼らは「平家物語」とか「伊勢物語」とか、みんなが知っている物語のワンシーンを切り取ったエンターテインメントに構造を変え、さらには幽玄というものに質を高めました。

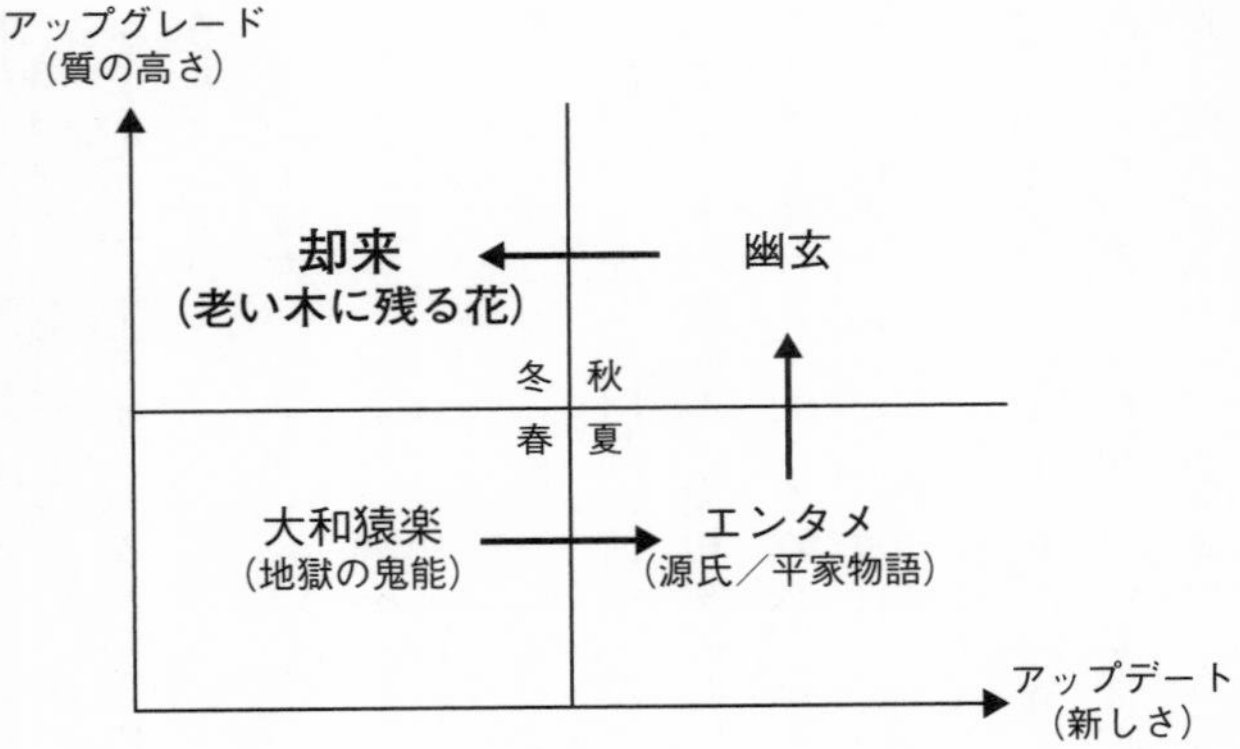

［図１－12］

しかしそのままだと、またぐるりと元の場所に戻るはずなのですが、なぜか世阿弥はトライアングルにはまり込まずに、左横にスライドしました（［図1－12］）。

それが「却来」です。却来は「老い木に残る花」ともいわれます。文字通り古い木に一輪だけ残っている花の美しさをさします。地獄の様相を描いた能は、普通、若い人が激しくやる演目で、そもそも世阿弥はそこから離れよう離れようとしたのですが、あえてそこに戻ってきたのです。歳をとっても激しい鬼をやると。この却来にこそ、世阿弥が「永遠のトライアングル」から逃れられた秘訣が凝縮されています。

世阿弥を知ることで、永遠にアップデートとアップグレードをするという罠から抜けることができる。そして、数百年残るものを創ることができる。この却来の本質を一言でいえば「新しく質を高めたものを、あえて古くせよ」ということになるでしょう。なかなかできることではありません。だからこそ、却来はThink Differentの究極の奥義だと考えています。

＊第二章の前に

いきなりですが、読者のみなさんにお伺いしたい。

「あなたはどのように学ぶタイプですか？」

たとえば、「本」から体系的に学ぶタイプもいれば、「自身の実践」から地道に学ぶタイプもいるでしょう。しかし私はどちらのタイプでもない。第一章からも分かる通り、「達人を観る」ことで学びます。

その理由を今回改めて考えてみましたが、どうも三つあるようです。まず最初の理由は、昔から記憶力が弱いので、本を読んでもすぐ忘れ、全く学びにならないのです（そもそも自分で書いた本の内容ですら忘れている）。次の理由は、生来の飽きっぽさです。何か実践を始めても、深まる前に他のテーマに手が伸びるので、これまた学びにならないのです。

……こんな調子では「学び」と無縁に思えるでしょう。しかし第三の理由により、どうにか私は学びを重ねています（と勘違いできています）。それが何かというと、どうも私は「人の思考パターンをつかむ」のが得意なようです。よって「関心領域における達人の思考法」さえ真似すれば、あとは自由自在にその領域で活動することができるのです（と信じています）。

そのため、何か新しいテーマについて学ぶ場合、「このテーマにおける達人は誰か？」と周りに尋ねることから始めます。本書との関連で述べますと、私は次のような問いを友人や知人に投げ続けました。

「（全く異なる複数分野で）何度も創造性を発揮している日本の達人は誰でしょうか？」

ここでのポイントは「全く異なる複数分野」というキーワードです。一つの分野における成功だけだと、たまたま運がよかった、という可能性が否定できません。しかし、全く異なる分野において、何度も創造性を発揮しているのだとすれば、それは何かしらの方法論があるからに違いないのです。

そしてご縁があり、創造性が発露する場面を「直に観るチャンス」を下さったのが、次にご紹介する五人です。

安宅和人さん
濱口秀司さん
大嶋光昭さん
小泉英明さん
篠田真貴子さん

疑いようもなく、「創造的に考えるとは何か？」というテーマと向き合う上で、私はこの五人から強い影響を受けました。それがいかなるものだったのか、端的に要点を示すこともできるし、そのような結論を急ぎたがる読者もいるでしょう。

しかしあえて本章ではそのようなアプローチをとりません。むしろ私がどのようにこの五賢人から思考を読み取ろうとしたのか、プロセスをそのまま示すことで、「創造的に考える」要点がどこにあるのか、読者のみなさま一人ひとりにつかんで頂きたいと考えました。当然、つかむ要点は各人で違うでしょうし、また違うものであって欲しいのです。

また私のクセとして、人と会う時は「事前情報」をまったく得ません。なぜなら、そのような情報がバイアスとなり、目の前で会っている人のポイントをつかむうえで邪魔になると考えているからです。よって、「この人は一体何をしている人なんだろうか？」と最後まで分からずに面会を終えることも多々あります。しかし、そんなことはネットで調べるなり人に聞くなりして、後から知ればいい話です。大事なのは次の問いだけなのです。

「なぜこの賢人たちは、全く異なる複数分野で、何度も創造性を発揮してこられたのだろうか？」

つまり、「What（何をしている人なのか？）」よりも、「How（いかにして考えている人なのか？）」に全神経を集中し、「では自分に活かせるポイントは何だろうか？」と読み進めてもらえるとありがたいです。

それでは、（事前情報なく）さっそく始めましょう。

第二章

考えるとは何か

安宅和人×石川善樹

（1）「考えるとは何か？」を考える

†「考えるとは何か？」を考える人は、思いのほか少ない

石川　私はある時期から「考えるとは何か？」という問いを考え始めたんです。でも、本当に困りました。相談できる人がなかなかいない。「考えることは大事である」と誰もが思っていても、では「考えるとは何か？」を考えたことがある人って、ほとんどいなかったんですよ。

安宅　なんと（笑）。

石川　自分は付き合いが広い方だと思っていたのですが、半年くらいは一人も同志がいなくて（笑）。でも、安宅さんとなにかのイベントでお会いした際に、「ところで考えるとは何かって考えたことありますか？」と聞いたら、当たり前のように「あるよ！」と。

安宅　はい、そうでしたね。

石川　もう涙が出ましたね、やっと同志に出会えたと。

安宅　当時の私はなんて言ってました？

石川　まず私なりの結論を伝えたところ、「あー、それは私とは違うな」とおっしゃっていました。嬉しかったですね。もうゾクゾクして、安宅さんはどう考えたんだろうかと。

安宅　そう言ってましたか。

石川　それだけ聞けたら、私はもうそれ以上は自分で考えたいタイプなので、当時、安宅さんがどう考えていたのかは聞かなかったんです。正解を聞いてしまうと、どうしてもそっちに引っ張られてしまいますからね。

安宅　すばらしい。石川さんはそういうきっちりと自分の目と頭で考える人ですよね。

石川　それからさらに一年くらい経って、そろそろ安宅さんの話をお伺いする準備が私もできたので、今日に至るというわけです。

安宅　それはなんとも……お疲れさまでした（笑）。

石川　それでは、早速よろしくお願いします。

†課題解決には二種類ある

石川 最初に、読者の方々に「安宅和人とは何か？」を説明してもらっていいですか。

安宅 自分でもよくわからなくなるくらい、ヤフーCSO、慶應SFCの先生、データサイエンティスト協会でのお仕事に加えて、大学や政府、国際機関などから本当にいろんな仕事が飛んできて関わっています。あらためてそれらを整理すると、

（A）現状を俯瞰して見立て、本質的な成長につながる変化を仕掛け、加速するストラテジスト

（B）脳神経系や知覚の視点からものを見て考えるニューロサイエンティスト

（C）データ&AIの視点から課題を整理し、未来を展望するフューチャリスト

という三つのロール（役割）に整理できるのではと思っています。一般的には、これらの集合体が私なのではないか。

石川 まさに現代の「知の巨人」ですね。産官学が助けを求める頭脳、ということですね。

普通なら一つの分野で活躍するのも難しいのですが、これだけ多岐にわたる仕事ができるということは、何か汎用的な思考法をお持ちなのでしょうか？

安宅　うーん、そんなにすごいものではないつもりなのですが、なぜか広がっています。汎用的な思考法……そうですね、ないことはないかもしれません。その話をするには、そもそも「知的生産の本質とは何か？」というところからはじめましょうか。

石川　いいですね。

安宅　これは『ハーバード・ビジネス・レビュー』（二〇一七年五月号）の巻頭論文「知性の核心は知覚にある」にも書いた話ですが、私は知的生産の本質は、「何らかのイシューに答えを出すこと」だと思っています。

石川　あの名論文は読みました。安宅さんがそのように定義されていたのは、ハッキリと覚えています。

安宅　ありがとうございます。もう少し簡単に言うと、ビジネスであれ、アカデミアであれ、ガバメントであれ、「ほとんどの仕事は、本質的に課題解決である」といえます。ここからはあまり僕も人には言ってこなかったし、課題解決ではなく知的生産についての本であった『イシューからはじめよ』にも、混乱が起きそうだったので内容から落とした話になるのですが、「課題解決には二種類ある」と、私は考えているんです。

石川 おー、それは面白い！　自分で考えたいところですが、対談なので我慢するとして、それはどのようなものでしょうか？

安宅 端的に違いを述べると、「目指す姿が明確かどうか」です。目指すべき姿が明らかな場合は、ギャップを見極め、次に、なぜギャップが起きているのかという構造的な見立てをはっきりさせることが最初のイシュー、まず答えを出すべき課題になります。それがわかれば取るべき方向性が見えるので、打ち手を整理し、解決していけばいいわけです。

石川 はっきりとゴールが見えるなら、ギャップを埋めればいいと。

安宅 そうです。おそらく世の中の課題解決の八～九割はそのようなタイプで、「ギャップフィル型の課題解決」と私は呼んでいます。一方、課題解決のもう一つのタイプとして、「目指すべき姿が明確ではない場合」があります。

石川 そもそも、自分たちがどこに向かっているのかすら分からない、といったケースでしょうか？

安宅 そうですね。「どこに向かっているか」というより、「どのような状態を目指すべきか」がわからないケースです。あるべき姿を設定するところから始める必要があるタイプの課題解決とも言えます。これを私は「ビジョン設定型の課題解決」と名付けています。

このような課題解決の場合、目指すべき姿をクリアにすることが、まず第一のイシューになります。その上で初めて現状の評価が可能になるので、ギャップがクリアになり、そこからどのような取り組みが必要かを明確にすることが次のイシューになります。このソリューションの見極めにはさらに大きな飛躍があります。

この話は『イシューからはじめよ』には書けなかったので、先ほどの『ハーバード・ビジネス・レビュー』の記事に盛り込みました。ただ、この話は重要なのですが、知性であるとか考えることの本質ではないと思っているんです。

石川 めちゃくちゃ面白くなってきました。

†思考とは、「入力（インプット）を出力（アウトプット）につなげること

安宅 ここから、さらに知的生産の本質に踏み込んで、「そもそも思考とは何か？」というテーマに踏み込んでいきましょう。まず大事なのは、そのような問いを考えるとき、どこから始めるかです。

石川 「思考とは何か？」というような茫漠とした問題は、小さく分けて考える。これは

デカルト以来、四〇〇年にわたる「知の奥義」ですからね。
安宅　そういうと大げさに聞こえますが（笑）、まさにデカルトの「演繹法」とはそういうことですね。
石川　ちなみに安宅さんは、「思考」をどのように分割されたんですか？
安宅　私はもともと脳神経科学者だったので、その視点から眺めてみました。ざっくりと言えば、思考とは、「入力（インプット）を出力（アウトプット）につなげること」だといえます。そして、この俯瞰から分かることは、このインプットとアウトプットをつなぐ能力こそが「知性」だということです。普通に使われている「知性」という言葉の意味から見るとかなり異質に聞こえるかもしれませんが、情報処理の全体観から見ると、こちらのほうが正しい理解だと思います。まず、この図表をごらんください（［図2-1］）。
石川　これはすさまじい図表ですね。壁に貼って一日中眺めていたいです。ちなみに読者の方に、これをどう読み解いたらいいのか、少し解説していただいてもいいですか？
安宅　はい。生物であれコンピューターであれ、情報処理システムというのは、基本的に三つのステップから成り立つと考えられます。入力（情報収集）、処理、出力です。
石川　処理はさらに三つに分かれていますね。

安宅　そうなんです。私は処理をバリューチェーンとしてみて、さらに三つに切り分けました。ある意味、処理の「川上→川中→川下」といえるでしょう。

川上は、いわゆる感覚も含めた知覚対象についての理解。見ているものがなんであるとか、音声・文字の理解、その上での単語、文章の理解する、痛い・まずいなど基礎的な快・不快などはこれです。実際にはこの図表には書ききれていませんが、このひとつひとつがかなりの複雑なプロセスです。

川下は、いわゆる知的活動そのものです。グルーピングや切り分け、問いの設定、分析における軸出し、モデルづくりや、モノを書いたり、デザインしたり、分析、プレゼンしたりと。クルマの運転だとかもここに含まれます。

入口側、出口側、あるいは両方が入り組んでいる場合は、さらに川上の情報を統合して、メタ化した意味合いを得ていく必要があります。たとえば、美しさやバランスであり、環境全体の理解であり、論理の理解、緊急度、複合的な視点での見立てなどです。これが川中です。

石川　なるほど。さらに図の一番下を見ると「知覚（perception）／認知（cognition）」と書いてありますが、これは何でしょうか？

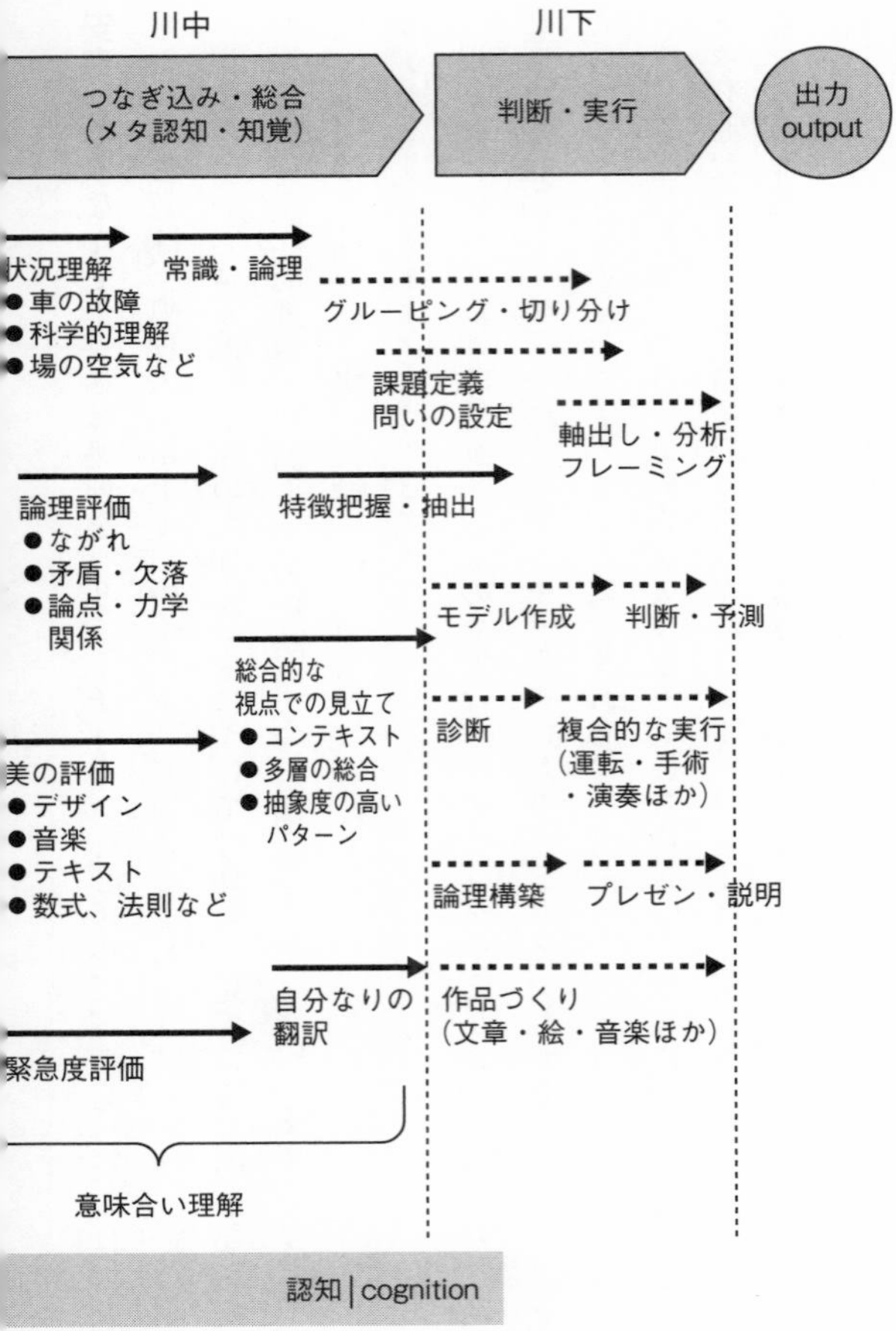
川中
川下
つなぎ込み・総合
(メタ認知・知覚)
判断・実行
出力
output
状況理解
●車の故障
●科学的理解
●場の空気など
常識・論理
グルーピング・切り分け
課題定義
問いの設定
軸出し・分析
フレーミング
論理評価
●ながれ
●矛盾・欠落
●論点・力学
関係
特徴把握・抽出
モデル作成
判断・予測
総合的な
視点での見立て
●コンテキスト
●多層の総合
●抽象度の高い
パターン
診断
複合的な実行
(運転・手術
・演奏ほか)
美の評価
●デザイン
●音楽
●テキスト
●数式、法則など
論理構築
プレゼン・説明
自分なりの
翻訳
作品づくり
(文章・絵・音楽ほか)
緊急度評価
意味合い理解
認知 | cognition

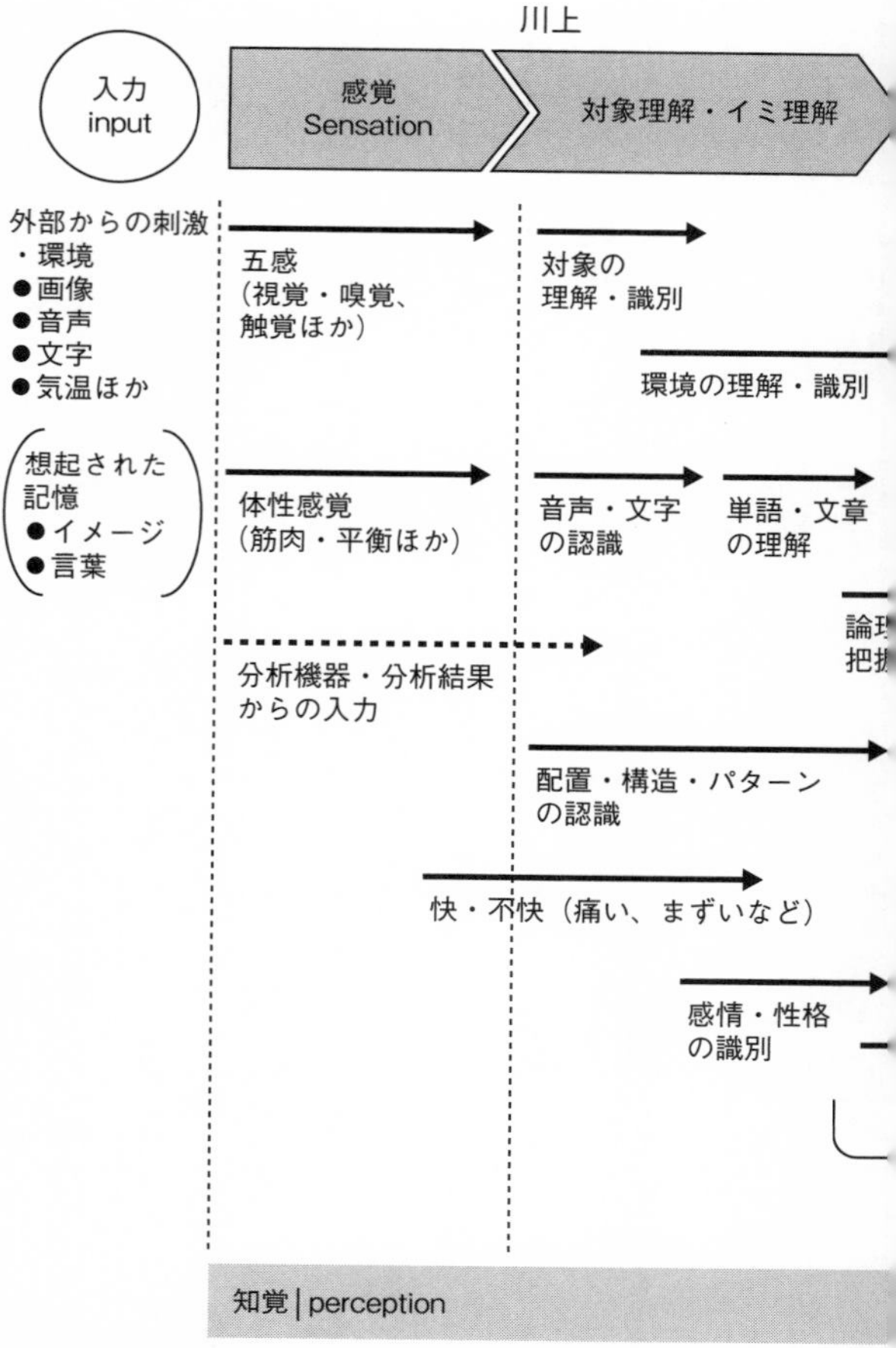

［図2-1］ 情報処理のバリューチェーンと近くの広がり
（『ハーバード・ビジネス・レビュー』2017年5月号より転載）

安宅　それが一番のポイントになります。ここで言う「知覚」とは、入ってくるさまざまな情報を統合して対象のイミを理解することです。

思考の入り口にあたる川上、それを統合する川中過程のほぼすべてがそれに当たります。感覚の一つには、電磁波の波長などから色を感じたりする色覚などがありますが、これも知覚の一部です。色は物理量ではなく、我々の心の中にしかない概念ですから。

実際には、色だけでなく、形だとか動きだとか、音だとか、さまざまな認知科学的な属性、モダリティを統合して対象、たとえば「ここにいるのが自分の飼っている犬」だとかを理解したり、総合的な情報から美しさを感じたりするのも知覚です。

認知は知覚から入力的な部分を剝ぎ取って意味理解のみを取り出した概念なので、基本、知覚に含まれます。実際には知覚の最初の過程である感覚すら、いま申し上げたとおり、意味理解、知覚の一部なので、ここをソリッドに入力段階から切り分けようとすること自体にあまり意味がないと考えています。

石川　なるほど。

安宅　ここまでのことを整理すると、次のように言えます。

Q　思考とは何か？

A　入力↓処理↓出力

Q　思考の核心は何か？

A　知覚

Q　知覚とは何か？

A　入ってくる情報からイミを理解すること。思考の入り口にあたる川上、それを統合する川中過程のほぼすべて。

（2）思考の核心とは何か？

†思考の核心は知覚にあり

石川　ワクワクしてきました。そもそも「思考の核心は何か？」という問いがすばらしいです。どうしてそういう問いに至ったのですか？

安宅 じつは「生物における学習とは何か？」ということを考えていたんです。

石川 なるほど。そのような深い視点から考えたから、「思考の核心は何か？」という問いが出てきたわけですね。

安宅 まず大前提からいきましょう。

脳内にはグリアのようなサポート組織を除けば、情報処理機構としては「神経同士のつながり」しかありません。つまり、コンピューターにあるようなメモリーやストレージがありません。「情報処理と記憶保持が分化していない」ということです。

石川 それは本当に面白いですよね。

安宅 ですね。では脳内で何が起きているかというと、たとえば「ある草」に接して「激しくかぶれた」とします。この時、「ある草」を知覚した神経と、「激しくかぶれた」ことを知覚した神経が同時に興奮しています。これらの神経がつながり合っていれば、その接合部分でつながります。あるいは、これらの情報を両方受ける神経があれば、そこでこの二つの情報がつながり合います。

石川 さきほどの安宅さんの図表でいえば、「二つの入力」が同時に起きたという状態ですね。

安宅 はい。そのような「ある草」の知覚と、「激しくかぶれた」という知覚が何度も起きることで、神経間、二つの情報間のつながりが強くなるんですね。これが生物における学習、理解の基本的な構造です。

さらに言えば、生物における学習、理解とは、「Learning without goal（目的のない学習）」と言えます。「知覚されたインプット・ドリブン」と捉えてもいいかもしれませんが、何かを知覚した神経、情報の間で連関（association）が起きること、二つ以上の知覚できる情報につながり合いが生まれること。これが生物における学習、理解の本質といえます。

これは識別などの目的、たとえばこれが犬かどうかをベースに、パラメーター、変数の値を設定していく機械学習とはある種、正反対のアプローチです。そしてこの過程こそが、生命に意味理解を与えている本当の本質です。我々は価値を理解していることのみ知覚でき、知覚は経験から生まれる。それが知的体験であり、人的体験であり、思索の深さです。

石川 深いですね。ただの「インプット」ではなく、あくまで「知覚されたインプット」というのがポイントになるわけですね。

安宅 そうですね。だから「思考の核心は何か？」と言われたら、私は「知覚にあり」と主張しているわけです。

†未来とは何か?

安宅　そういえば、知覚のすばらしさを物語る、おもしろい動画があります。六人のカメラマンが、同じカメラ、同じ環境で、同じ男を撮影する。でも撮影対象の男については、億万長者、元囚人、アルコール中毒者など、カメラマンごとに違う事前情報が伝えられるんです。

石川　結果はどうだったんですか?

安宅　同じカメラ、同じ環境で、同じ男を撮影しているはずなのに、まるで違う写真に仕上がりました。これが知覚の力です。カメラは知覚していません。単なる記録装置にすぎないのです。

石川　もしかしたら、同じことが未来についても言えませんか? これだけ高度に情報化社会が発達すると、もはや私たち人類は、同じような情報(インプット)を元に未来を思考することになりますが、そこからどのような未来を見据えるかは、一義的に決まらないというか。

安宅　そのとおりですね。「未来は目指すものであり、創るもの」ですから。

石川　名言すぎます。

安宅　私は最近、国の審議会や委員会、ＯＥＣＤ（経済協力開発機構）の会議やＩＥＥＥ（米国電気電子技術者協会）という学会など、本当にいろんなところで話をする機会が増えているのですが、共通しているのはどこも「未来」の話をしてほしいということなんです。仕事の未来、産業の未来、必要になるスキルの未来、ＡＩの未来……、もう未来尽くしです。

石川　逆に言えば、未来について語れる教養が身につけば、安宅さんのようにどこでも活躍できる無双状態になるわけですね。

安宅　無双というのは大げさですが、とにかくみんな未来について知りたがっている。でも、当たり前の話ですが、未来なんて予測できるわけないんですよ。

石川　まったくその通りです。

安宅　たとえば人工生命という分野があります。これはコンピューターの仮想空間上で人工的な生命の生存や進化をシミュレーションしようというものですが、驚くべきことに、初期条件とモデルが同じでも、毎回違う結果になるのです。

石川　カオスの世界では、初期条件のちょっとした違いが大きな違いを生むという話がありますが、その人工生命の話は驚きですね！

安宅　そうなんです。つまり、ルールを知っていることと、未来が分かることは別なのです。シンプルな人工生命ですら未来を予測できないのなら、ましてやより複雑な私たちの社会なんて予測できるわけがありません。

少し前になりますが、ある教育系テレビ番組で、ちょうどこの「人工生命」の話が紹介されていて、それを見たスタジオのあるゲストが「これって地球の歴史が繰り返されたとしても、二度と同じ人類は生み出されないということですよね」と言っていました。まさにその通りで、これは未来にも当てはまる話なんです。

石川　深いですね。だから、未来は予測するものではなく、創るものだとおっしゃるんですね。

安宅　そうです。The future is to aim and to create です。

石川　最後に一つだけおうかがいします。今の時代における「あたらしい教養」とは何でしょうか？

安宅　教養というものを、ローマ、ギリシア時代の自由人とそれ以外の人を切り分けるリベラルアーツ、人間を自由にするための学問だと考えると、今は、当時の自由七科（文法学・修辞学・論理学の三学、および算術・幾何・天文学・音楽の四科）とは少し異なってきていることはほぼ明らかです。

ではなにかと言えば、第一に、母国語、第二に世界語、そして第三に問題解決能力だと思います。母国語と言っているのは、文章や相手の言っていることが理解でき、明確に考えを表現し、伝え、議論することができる力。世界語、現在は英語、と言うのは母国語と同様な能力に加え、情報のタイムリーな収集能力、言うべきことを敬意を持って的確に伝える力です。問題解決能力は、問題設定力であり、課題や対象を切り分け、整理する力、意味合いを出す力、以上を踏まえ、実際に結果につなげる力です。

ここにデータやＡＩの持つ力を解き放つ力、データリテラシー、が四つ目の軸として加わって来ているというのが僕の基本的な見解です。具体的に言えば、分析的、データドリブンな思考力と基本的な知見なのですが、分析力、統計数理的な素養、情報科学の基本、データエンジニアリングの基本といったものです。

これらを持った上でさらに豊かに生きていこうと思うならば、知覚できる内容や深さを高めるために、first hand 的に理解できる領域を増やすことが大切です。そして幅広く多面的に考え抜いた領域が増えることが大切です。
具体的には、何かこれだけはというような圧倒的な情熱を持ちつつ、偏りのない理解を持てる領域を持つこと、そして今起きている世の中の変化のドライバーである自然科学、社会科学、また歴史的、地理的な背景への理解が持てること、これらを総合したり、つなぎ合わせて知覚したりしていく力、が大切なのではないかと思います。

石川　ありがとうございました！

安宅和人（あたか・かずと）

慶應義塾大学環境情報学部教授・ヤフー株式会社CSO（チーフストラテジーオフィサー）・データサイエンティスト協会理事・スキル定義委員長。東京大学大学院生物化学専攻にて修士課程修了後、マッキンゼー入社。四年半の勤務後、イェール大学脳神経科学プログラムに入学。二〇〇一年春、学位取得（Ph.D.）。ポスドクを経て二〇〇一年末マッキンゼー復帰に伴い帰国。マーケティング研究グループのアジア太平洋地域中心メンバーの一人として幅広い商品・事業開発、ブランド再生に関わる。二〇〇八年よりヤフー。二〇一二年七月よりCSO（現兼務）。全社横断的な戦略課題の解決、事業開発に加え、途中データ及び研究開発部門も統括。二〇一六年春より慶應義塾大学SFCにてデータドリブン時代の基礎教養について教える。二〇一八年九月より現職。内閣府総合科学技術イノベーション会議（CSTI）基本計画専門調査会委員、官民研究開発投資拡大プログラム（PRISM）AI技術領域運営委員、数理・データサイエンス・AI教育プログラム認定制度検討会副座長なども務める。著書に『イシューからはじめよ』（英治出版・二〇一〇）、『シン・ニホン』（News Picks パブリッシング・二〇二〇）がある。

第三章

バイアスを壊せば、イノベーションは一発で生まれる

濱口秀司×石川善樹

(1) 四〇〇年ぶりに訪れた「思考のイノベーション」

†デカルト、ベーコン、濱口

石川 私はなにか話す機会があれば、濱口さんに言及しています。だから「影響を受けている」どころの騒ぎではありません。端的に言うと、師匠だと思っています。

濱口 よくそんなことを(笑)。

石川 いや、本当です。濱口さんが常々仰っている、「ストラクチャード・ケイオス」(Structured Chaos=構造化された混沌)という考え方に、それはそれは衝撃を受けたんです。

濱口 私が松下電工(当時)からZibaに移った一九九八年に思いついたことですね。

石川 その一九九八年という年は、もしかしたら歴史的な年なのではないかと思うんです。実は人に「濱口秀司とは何者か?」を説明するときに、私は「デカルト、ベーコン、濱

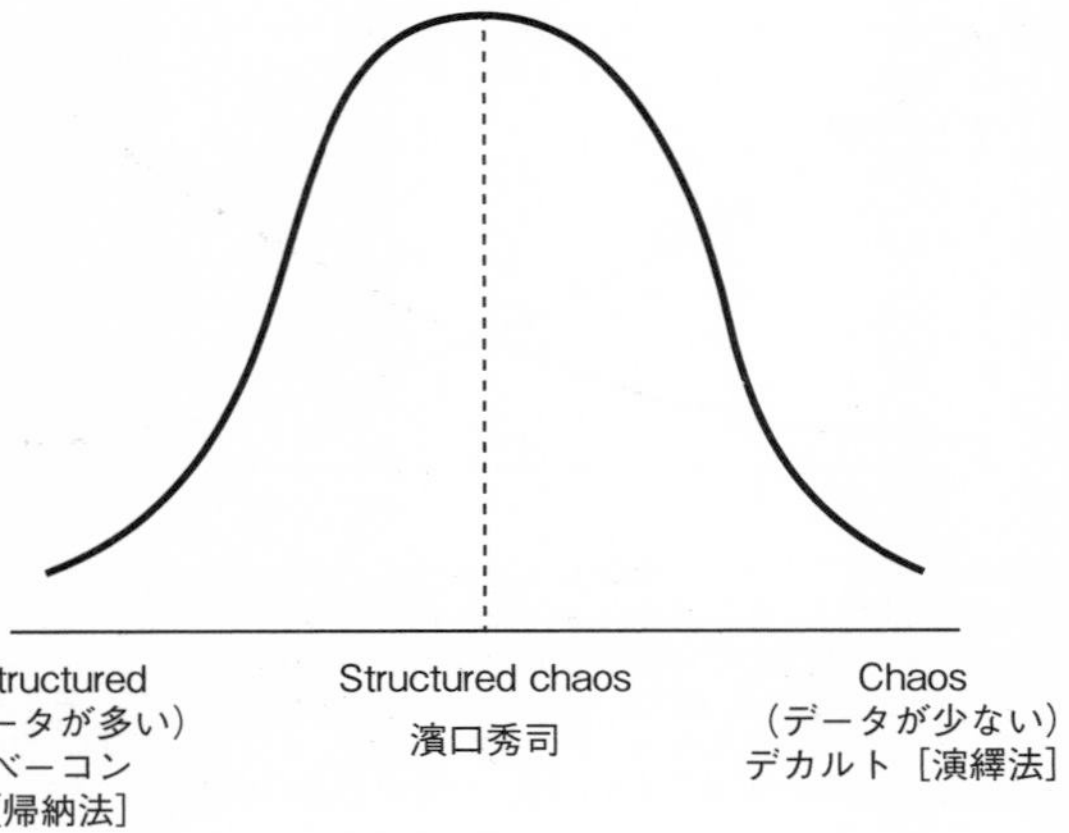

［図3－1］

口」って言っているんです。

濱口 どういうことですか？

石川 私なりの解釈ですが、この四〇〇年間、考える形態はデカルトの「演繹法」、そしてベーコンの「帰納法」しかありませんでした。そこに、濱口の「ストラクチャード・ケイオス」が登場するわけですよ。これは言うならば、人類に四〇〇年ぶりに訪れた「思考のイノベーション」なわけです（［図3-1］）。

そこでこの対談では、イノベーションを生み出すための考える技法を詳しく教えていただこうと思います。

濱口 なるほど。いろいろなものが積み重なっているので、話すと結構長いですけど。

石川 とことんお願いします！

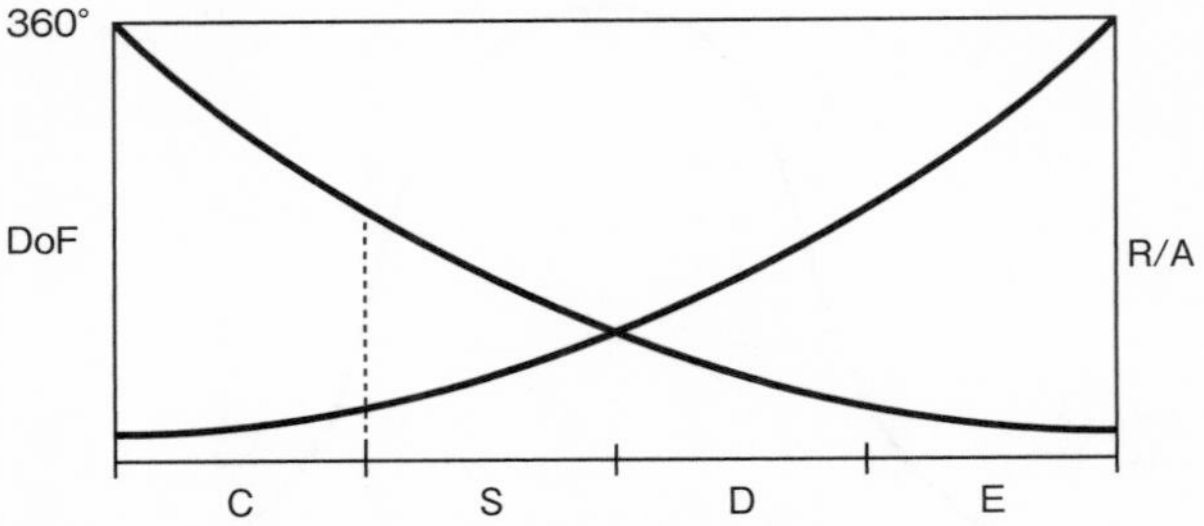

濱口がよく描くチャート。横軸は、左からC（=Concept/コンセプト）、S（=Strategy/戦略）、D（=Decision Making/意志決定）、E（=Execution/実行）。縦軸は、DoF(=Degree of Freedom/自由度)。コンセプト（C）を作る際の自由度は無限大にあり、S→D→Eと進むに従って、その値は下がっていく。横軸は、R/A（=リソース・アロケーション/人材、資金、時間といったリソースの割り当て）は、自由度と逆の構造になっている。

［図3-2］

C→S→D→E

濱口　まず、よく描いているチャートですが、どんな会社でも「コンセプトを作り、次にそれを実現させるためのストラテジーを作り、その中から意思決定し、実行する」というプロセスでものごとが進みます。コンセプトというのはふわっとしたもので、ストラテジーというのは、重要な意思決定の組み合わせによって生まれるコンセプトを実行できる魅力的かつ実行可能なプラン。たとえばABCという戦略を見つけて、どれがいいだろうかと。「Cは過激だよね」「Bはモデレートだけど、多少リスクもあるから……」と考えた末、「じゃあBで行こうか」といった具合に選び、初めてエグゼキューション（実行）に入るわけです（［図3-2］）。

石川　これはわかりやすいですね。それに、会社に限らないと思いました。

濱口　研究でもそうです。いきなり試験管を振らないですよね。やっぱりコンセプトがあって（C）、どういう研究をするか代替案を決めて（S）、ディシジョンメイキングがあって（D）、実行（E）に移る。組織論にしても、「濱口、新しい組織を考えてくれ」と言われて、いきなり組織チャートを書きませんし、商品企画にしてもそう。必ず、このプロセスがあります。

これと自由度を重ねるとどうなるか。戦略的自由度というのは、最初は無限大に高いんです。たとえば「照明事業が赤字だから何とかしろ」と言われたら、いくらでも考えられます。たとえ照明という制約条件があったとしても、新型の照明器具のシリーズを考えることもできるし、照明を売っている流通チャネルを根本から変えてしまうとか、ありとあらゆることを三六〇度で考えられるわけです。ところが、コンセプト・ビルディングが終わった瞬間に自由度が落ちていく。当然ですよね、「新商品にはこんな特徴があって」ということになったら、ほかの可能性はオミットされるわけですから。

次に「戦略を作りましょう」ということで、ウンウン考えます。最終的に三つ四つの選択肢が出て、悩みまくって選んだ時点でまた自由度は減ります。極端なことを言うと、ビジネスというのは無限の自由度から自由度を落としていく作業にほかならないんです。

†リソースと戦略的自由度はトレードオフ構造にある

石川 これは、松下電工ではみんなが習うようなチャートなのですか?

濱口 私のオリジナルです。次に、もうひとつの縦軸を発見したのです。リソースアロケーションです。これが、戦略的自由度と逆さになっていることに気がつくんです(〔図3-2〕)。

石川 R/A(=リソースアロケーション/人材、資金、時間といったリソースの割り当て)は、戦略的自由度とトレードオフ構造になっているんですね。自由度が高い状況では人やお金も割かれず、実行段階になればなるほど、みんながんばる。

濱口 そう。どんだけ頑張っちゃってんねんと。実行時の物量に比べると、意思決定段階では、ちょっとしたディスカッションで決まっていたりするわけです。このことを発見したとき、非常にバランスが悪いなと思いました。自由度があるところで頑張っておらず、決まったところから頑張っているわけです。これはいけないと。では、なぜそういうことが起こると思います?

石川　うーん、なぜでしょう……。

濱口　ツールがないからです。エグゼキューションの段階では、ツールがあるんです。「会計処理をしろ」と言われたら、勉強して一日中ガリガリできますよね。「カスタマーサポートの仕組みを作れ」と言われたら、本で何日でも学べるし、ベンダーを呼んで要件設定のミーティングをしてからいろいろ開発やテストができます。チャートの右側は、ツールがあるから時間をこなせる。時間やお金を使えるというのは、要は何かしらエンジンがあったり、やり方があるからなんです。

一方、チャートの左へ行けば行くほど、ツールがありません。コンセプト・ビルディングで、たとえば「すごいホワイトボードペンを作れ」とクライアントから言われて、Aくんに「考えてみろ」とお願いするとします。「五分で考えろ」と言われたら、めちゃくちゃクリエイティブに考えると思います。Aくんがデザイナーだったら、ノートに握りやすくてかっこいいデザイン画を描くかもしれませんし、エンジニアだったらパーツの構成やインクの技術などを考えるかもしれません。

これを仮に「一週間で考えろ」と言われたら、間違いなく失速します。「そのことだけを考えろ」とどこかのプロジェクトルームに詰め込んだ場合、二日目くらいには、市場に出回っているあらゆるホワイトボードペンを取り寄せて調べたりするでしょう。でも、四日目あたりになると、もう考え続けられなくなる。

もっと言うと、「一年間かけて、背筋も氷るようなホワイトボードペンを考えろ」と言われて、三六五日をきっちり有効に使える人って、そうそういないと思います。なぜなら、ツールがないからです。

そこでツールを手にするべく、まずは意思決定に着目しディシジョン・マネージメントという方法論を学び、自分なりに構築したんです。その結果、分析がめちゃくちゃできるようになったんです。

石川 ほぉ！

（2）ゼロからスタートしなくていい

†意思決定から戦略へ、戦略からコンセプトへ

濱口　研究所内で研究テーマの戦略と事業価値分析を行うことから始めたのですが、結果として経営企画に異動し、社長の元で全社の戦略投資案件を分析することになりました。そして本社でいつのまにか、一〇億円以上の投資案件はこの方法で分析してから審議するという流れになったんです。「この工場を作ります」「この事業の商品戦略を変えます」……。相当な数のクリティカルな案件を分析するようになりました。当時の松下電工では一〇億円以上の投資案件がたくさんあったのですが、それを、コアメンバーが四人しかいないチームで分析するようになったんです。

石川　逆に言うと、「一〇億円以上の投資案件は、私たちが見ないと投資しちゃダメよ」ということですね。ムチャクチャ勉強になりますね！

濱口　もう、普通の人生では味わえないくらいの事業数を見るわけです。事業部長でも、クリティカルな意思決定なんて年に数回です。それを、私たちは毎週毎週分析していました。加えて、松下電工というのは事業範囲が広いので、マッサージチェアから照明からセンサーからキッチンまで、あるいはB to BからB to Cまで、なんでもあるわけです。も

のすごい体験です。そこで、次の発見があるんです。分析しているものの中には、腐ったミカンや腐ったリンゴもあって、そんな時は「戦略的には、フレッシュなイチゴを考えた方がええんちゃうの?」と感じるようになりました。それで、「ストラテジー」に移ったんです。

石川 おぉ、なるほど!

濱口 そこで、「戦略とは何か?」「戦略はどう作るのか?」を修業するべく、アメリカへ行くわけです。

石川 それでZibaに行ったわけですね。

濱口 はい。私が参画したことでZibaはグングン伸びて、「ストラテジック・デザインファーム」という名称が生まれました。このZiba時代に、さらなる発見がありました。すごい戦略を作っても、すごいコンセプト、たとえばUberみたいなものが来たら、事業は吹き飛ぶということです。上流から来るものには、勝てないんです。

何しろコンセプト・ビルディングの段階では、自由度は無限大です。それに比べて、戦略作りの段階は、制約条件がたくさん入ってきます。その条件や情報を整理することで、いい戦略を作ることが可能です。でもコンセプトは、何も制約がない。まったく違うフェーズなので、ビビッていたんです。でもいくつか事件もあって、やらざるを得ないなと。

石川　あー、なるほど。D（意思決定）↓S（戦略）↓C（コンセプト）の順に濱口さんは構築していったんですね。そういう意味でいうと、私は完成された状態の濱口さんと出会ったから、逆にC↓S↓Dの順で道を歩み始めています。この二年はだいぶコンセプトづくりの練習をしたので、「次はそろそろ、ストラテジーを学ぼうかな」と思っていたところでした（笑）。

†「ゼロ↓イチ」じゃなくてもいい

濱口　そういえば、ひとつ言っておきたいことがあります。コンセプト・ビルディングってよく「ゼロ↓イチ」と言われるじゃないですか。私は、それにビビッていました。ゼロからイチを生み出すのは、エンジニアリング的に言うと無理なわけです。何もないところからシステマティックに何かは生み出せない。じゃあ、どうすればいいのか。私の最大の発見は何かというと、「ゼロからスタートしなくていい」ということなんです。

みんな「ゼロ↓イチ」「ゼロ↓イチ」って言いますよね。あれ、間違いですよ（笑）。まあ、スティーブ・ジョブズは知りませんけどね。「空から何か降ってきた！」みたいな人はいると思います。実際、私もそういう人を知っています。

石川　へぇ、どなたですか？

濱口　私の親族に固体物性の権威がいて、家にノーベル賞を取った研究者が来るような家庭環境でその息子は育ったんです。中学生のとき、家に量子ホール効果を発見したクラウス・フォン・クリッツィングがやって来ました。で、「フォン・クリッツィング定数はどうやって見つけたんですか？」と聞いたんです。「それはね、ずーっと何年も考え続けて、ある日、朝起きたら数字がわかったんだ」って、フォン・クリッツィングは言うわけです。その瞬間に、「オレには無理やろ」って思うわけですよ（笑）。

石川　あはは、フォン・クリッツィングすごい！

濱口　一方で、「普通の研究はこうなっている」とパターニングして、「このゾーンが空いている」と裏をかく研究者は多いと思います。たとえば山中伸弥先生のiPS細胞は、非常に戦略的だと思います。

研究に自分の脳みそを注ぎ込むわけですから、直観で「ここやな」と狙うタイプもいていいわけですが、そのときは、自分の天才性を信じなければいけない。自分の天才性が若干脆弱であるなら、何かで武装すればいい。たとえば、どこかにフォーカスすれば勝てるわけです。そのフォーカスする位置を見つけるのが、技法なんです。ノーベル賞を取っている研究者というのは、直観タイプが半分で、残りの半分はフォーカスする位置を見つける技法を持っていた人だと私は思います。

何が言いたいのかというと、私の最大の発見は、「ゼロ→イチ」ではなく、「イチからスタートすればいい」ということなんです。このイチがなにかというと、バイアスなんです。

石川　キタッ！　バイアスの話。

（3）バイアスを見つけて破壊する

†不確実性とモデリング

濱口　図3-3を見てください。A（X軸）とB（Y軸）がトレードオフになっているとき、その二点を結ぶ曲線がバイアスを表しています。簡単に言えば、その中間から飛び出す

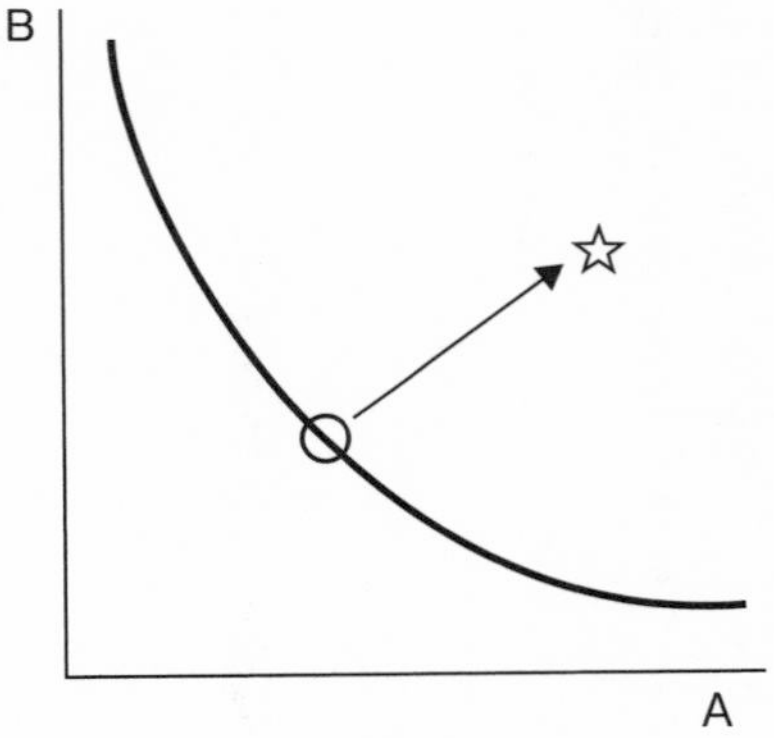

［図3－3］

（バイアス・ブレイクする）ことで、イノベーティブな視点が生まれるわけです。

人間って絶対バイアスを持っています。どんなテーマを与えられても、そこには本人たちが気づいていない先入観がある。「ここではこうしなきゃアカン」とか、「こいつとこいつは一緒にくっつけられない」とか。それに縛られて事業をやっているわけです。だからこそ、効率的に判断できる面もあるわけです。僕のイノベーションというのは、「そのバイアスを見つけて破壊すればいい」ということに尽きます。それを発見した瞬間に、コンセプト・ビルディングに対するビビリが消えました。

石川　なるほど！

濱口　まだもうちょっと長いのですが、続けてもいいですか？

石川　どうぞどうぞ（笑）。

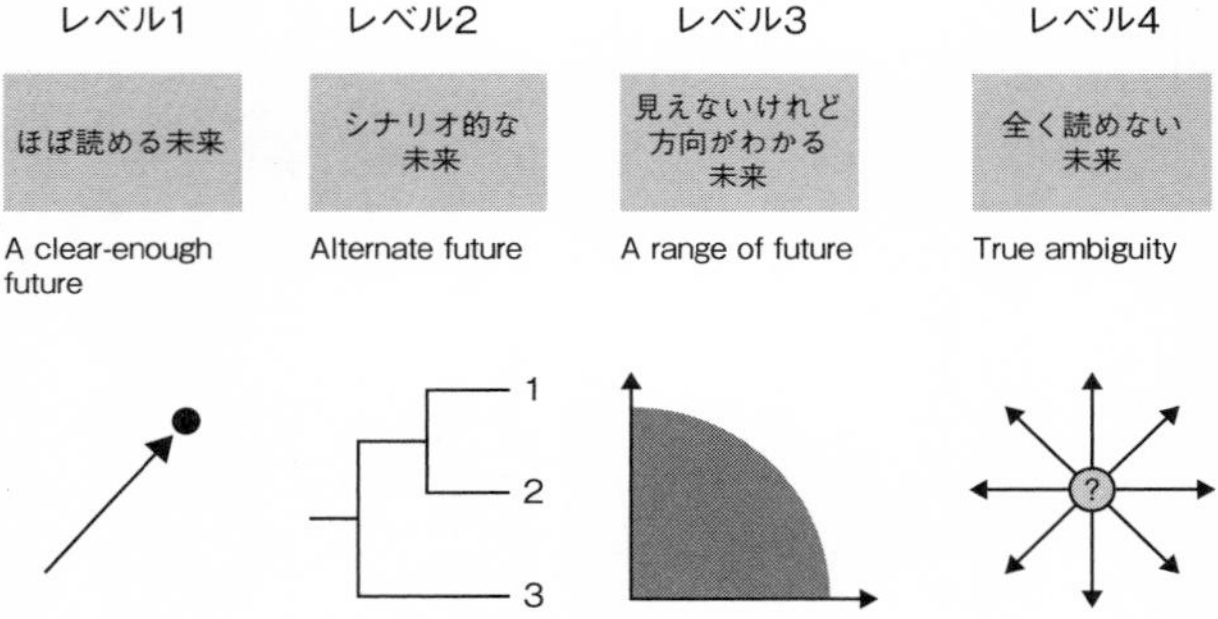

［図3－4］

濱口　次に私が気にしだしたのが「モデリング」という発想です。これは、ディシジョン・マネージメントをやっているときに気づいたことです。ディシジョン・マネージメントはとてもいい手法で、意思決定を構造化して戦略を定義することだったり、不確実性を構造化して分析・計算したりする手法のことをいいます。端的に言うと、不確実性には1から4までレベルがあるんです（［図3－4］）。

一つ目は「ほぼ読める未来」。日本の出生率が来年何パーセントかは読めますよね。あるいは、「おむつのビジネスやってます」みたいなときに、「市場規模がどれくらいか」ということは予測がつきます。

次のレベルは、もう少し分岐する「シナリオ的なもの」。たとえば「あるものを発売したとき、政府で認可が下りるかどうか」。これは、パーセンテージになりますよね。もしくは「発売したとき、マーケットシェアが何パーセントになるか」。「ゼロか一〇〇かわからない」じゃないですよね。自分たちの営業力や、過去の事例もあるから、「まあ、アカンかったら二〇%だけど、うまく行ったら三五%までいくんちゃうか。でも四〇%って言われたらビックリするわ」というシナリオが見えてくる。

三つ目が、「見えないけれど方向がわかる」というレベルです。よく言う事例なのですが、一九七〇年代にアメリカに行ってコンピューターの専門家に、「パソコンってどうなる？」って聞いたら、たいがい「パーソナルコンピューター、来るよね！」と答えるでしょう。でも、「いつ、どれくらいの値段で何が売られて、アプリケーションはどうなりますか？」と問われたら、わからない。でも、方向はわかる。これが、三番目の不確実性のレベルです。

四番目の不確実性は、今と同じ質問。「将来パソコンってどうなりますか？」という質問を、一九五〇年代のロシアに行って専門家に聞くんです。「そんなのわからんニコフ」と言われるわけです。

石川　うっ（笑）。

濱口　コンピューターといえば、部屋いっぱいに備え付けられているようなサイズの時代に、「なぜこれがパーソナルになるねん」と。その時代の人々にとっては、まったくよくわからない未来なわけです。

実はディシジョン・マネージメントは、こういった不確実性をきちんと分類して取り扱う技法のことです。まず、事業的に四番目は無視していい。わからないことはナンボ考えてもわからないわけですから。ただ、「本当はパターンが読めるのに、ようわからんから読めない4に放り込む」とか、「不確実性がけっこうあるのに一点読みをする」というのは、経営者がよくやる失敗です。ＰＬとかを固定されたベストシナリオで見ようとする。これ、間違いです。動くものは動くように見ないといけません。

まず、1と2は、パーセンテージとか枝分かれですから、数字で行けるんです。それが「方向性（＝3）」になった瞬間に、数字では取り扱えなくなります。「パソコンが来そうです」ということを、数字では言い表しようがありません。でも、「今、新型パソコンを出したら、何台くらい売れます」というのは、パーセンテージで行けますよね。

つまり、三つの不確実性のうち二つめまでを扱えるのが、ディシジョン・マネージメントです。でも、すごく有効です。ワケわからないくらい有効です。なぜかというと、ほとんどが一点読みか、わからないところに放り込むだけなので。二つ扱えるだけでも、すごく有効なんです。松下電工時代は、それをしこたまやって楽しかったんです。入社数年目で、分析して経営会議にも出るわけですから。

†ディシジョン・マネージメントの限界

濱口　次に、戦略問題を扱うようになり、「腐ったミカンを分析しているケースがあって、悔しい」ということが起こります。「こんなの分析してもおもしろくない、フレッシュなイチゴを戦略的に思いつきたい」と思う。で、事業部長に言うわけです。「コレ、腐ってますよね？」と。「私、フレッシュなイチゴを考えたんですけど、どう思います？」って。そうすると、まあたいがいの事業部長が「お前は分析しとけ！」と言いますよね。「オレら事業のプロだぞ、お前はやったことないだろ」と。それが一〇に九です。ところが一〇に一つくらい「それはオモロイな。思いつかんかったわ。お前のプランも分析に入れよう」と言ってくれる事業部長に当たることもあるわけです。分析してくれ、と。それで早速分析を始めるわけですが、どういうわけか、自分のイチゴが分析できないんです。

石川　それはなぜですか？

濱口　イノベーションは見たことがないので、見たことがないものは、考え方を変えなければいけないからです。たとえば、非常時にこの部屋から出て行くのはあのドアのドアノブをひねると思っていますよね。「違います、壁にかかった絵を五〇〇回なでるとドアがパカッと開いて出口になります」だと、イノベーティブですが、明日の朝までに何人がこの部屋から脱出できるか全然わからない。そういう問題に直面するわけです。

石川　それまでは、既存事業だから分析できていた、ということですね。

濱口　そこにイチゴをもちこんだ瞬間、ディシジョン・マネージメントの範囲を超えてしまったわけです。自分の持っている最強のツールで、自分が素敵だと思うものを分析しようと思ったら、何と「分析できない」という最悪の事態が起きてしまった。なぜ分析できないのかをよくよく考えた結果、「数字の予測とパターニングが使えない」ということを発見しました。すなわち、イノベーティブなものは業界の不確実性を三までブーストするので、ディシジョン・マネージメントの限界を超えるんです。その時点で、ディシジョン・マネージメントは投げ捨てようと思ったわけです。

（4）イノベーションが生まれた瞬間

†「イノベーションは一発で生まれる」

濱口　ディシジョン・マネージメントは、既存事業とか、わかっていることを分析するにはいいけれど、「すごいコンセプトやすごい戦略が出てきたら、もう分析不可能」と判断したんです。

そこから、思いっきり考えました。論理性を担保しながら、情報処理もしながら、戦略とかコンセプトを考えるツールが必要だということを、一晩考えたんです。それで行き着いたのが、「シンプルで、ロジカルで、ビジュアライズされたものをモデルと定義し、思考メディアにしよう」という結論でした。名付けて「モデル・ベースド・アプローチ」。モデルをベースにした思考アプローチを開発すれば、行けるんじゃないかと。

石川　それは、四象限みたいなことですか?

濱口　そう。二×二（四象限）はまさにモデルです。シンプルで、ロジックがあって、MECE（Mutually Exclusive and Collectively Exhaustive＝互いに重複せず、全体に漏れがない）になり、機会損失がない。それに、ビジュアライズされています。

ふにゃっとしたアイデアを三つ渡されても、モデルじゃないから取り扱いできません。ロジカルでもない。その点、二×二がふたつあったら、「こいつはこいつのサブ階層だ」とか、「この切り口とこの切り口をもう一度インテグレーションして……」という具合に、ガチャガチャ触れることができます。

モデルベースで考えたら、今までぼくが苦労した不確実性もモデルで記述できるし、戦略もモデルで記述できるし、いろいろな特徴をモデルで記述できる。Zibaでこのモデル・ベースド・アプローチを使い始めたら、「それ、どういう技法なの?」と不思議がられました。「どこの大学でも教えてないね」と。なので、「MBA（Model Based Approach）です。これは……」と説明していたわけです。

ところが、ここで困ったことが起きました。論理構造はグイグイといくつでも組めるのですが、作っていくと、「アイデアがあまりおもしろくない」というケースと、「抽象概念過ぎてついていけない」というケースと、「切り口がおもしろくない」というケースが出てくるんです。

何が欠損しているんだろうと考え、「抽象概念は理解しづらいので、具体論と紐付けた方がいい」という結論を思いつきました。そうすることで、複雑なモデルも理解しやすくなったんです。

たとえば「動く照明」という戦略を思いついたとします。その場合、照明にはスタティック（静的）とダイナミック（動的）という切り口がある、ということが浮かび上がります。その次に、極端な具体例を考えるんです。ムチャクチャ静的な照明は何かというと、コンクリートの中にバッテリーを仕込んだLEDを埋め込んで、それを地下六〇メートルに埋めたら、おそらく核戦争が起きても光っていますよね。これが極端に静的な具体例です。

次に、天井に二万個のLEDをちりばめて、シーケンサーで走らせる、というムチャクチャ動的な具体例を考える。そうやって考えていくと、段々軸が見えてくるんです。

つまり、「パースペクティブ」と「アイデア」をニコイチで扱うと、アイデアから切り口を引きずり出しやすくなる、ということがわかってきました。Zibaでもそれで成功するんです。
アイデアは多様な方がいいので、デザイナーやエンジニアのアタマを利用することをすぐに思いつきました。「ブレストをやりましょう」と。ブレストの結果、たとえばおもしろいアイデアが一〇個出たとします。その中で最もおもしろいアイデアを二つ選んだら、軸が二つできるからモデルが作れます。モデルが作れると、「ものすごくエクストリームなアイデア」とか「この要素だけを外したハイブリッドなアイデア」とか、論理的に、メカニカルに作れるようになる。
それでも、すごいコンセプトが来ると吹き飛んでしまうわけです。なので覚悟を決めて、コンセプト・ビルディングをやることにしたんです。ちょうど松下電工では、とある課題があって、その分野でイノベーションを起こさなければいけませんでしたし。

石川　どのようにアプローチしていったのですか？

濱口　シリコンバレーの界隈にはデザイン会社が一〇〇社くらいあるのですが、ＩＤＥＯとか有名どころも含めて、いくつかの会社に同じお題を振ったんです。普通はいろいろ精査して、「やっぱりＩＤＥＯに頼もうか」「フロッグデザインに頼もうか」となるわけですから、会社としてはクレイジーですよね。でも、そのお題の領域から何かすごいものが出てきたら、ビジネスはうまくいくし、私は勉強できるし……と思っていたんです。でも結果は、みんな○ソでした。

石川　うわぁ……。

濱口　何もおもしろくない、という結末で、○億円の負債だけが残りました。「ヤバイ。○億円の回収、どうすんねん。コンセプトどこや?」と（笑）。緊急事態ですよ。そこで発動したのが、「これちゃうか?」と僕が思っていたプロセスで、それこそがバイアス・ブレイクだったんです。

石川　おお、そうだったんですね! 具体的にどのような作業をしたんですか?

濱口　過去に自分がやったプロジェクトで、成功したものと失敗したものを比べてみたんです。どちらも「モデル」を使っているのですが、どうも違う。そこで気づいたのが、二×二が、バイアスの場合と、整理している場合と、オモシロ切り口の場合があるな、ということでした。だったら、バイアス自体をモデル化して分析すれば、バイアスをブレイクでき、違う発想をオートマティックに作れるんじゃないか、という点に行き着いたんです。

そこで各社から出て来たたくさんのまったくイノベーティブでないアイデア群に絶対バイアスが入っていると考え、バイアスのモデルを作ってそれを引きずり出していった。そしてバイアスを壊したモデルでアイデアを作る。今まで培ってきたやり方を、バイアスに着目してやると、一発でイノベーションが生まれたわけです。実際、○億円の残骸を全部分析して作ったら、やっぱりできました。

石川　「イノベーションは一発で生まれる」。名言ですね!!

†トレードオフとイノベーション

石川　僕は、一年ほど前に濱口さんがポロッと言ったひと言で「そうだったのか！」と思い、それから思考の仕方がガラッと変わりました。それは何かというと、今のバイアスとちょっと関係すると思うのですが、「トレードオフ構造を見つけたら、こっちのもんだよね」という言葉でした。それを聞いて、目から鱗が落ちまくったんです。何かしらのモデルを作るときに、私たち研究者は、どうしてもＭＥＣＥで作りたがるんです。でも、トレードオフ構造になる軸を見つけることで、イノベーティブな視座を得ることができる。この二年間、その特訓ばかりしていた気がします。

濱口　そうですね。トレードオフ、それも大きくて深いトレードオフを見つけることが自動的にバイアス・ブレイクにつながりますから、それをモノにするだけでも価値があると思います。

石川　いやー、濱口に歴史ありですね。最後に少し「ストラクチャード・ケイオス」についても触れておきます。シンプルに言うと、直観でも論理でもなく、大局観ということだと捉えています。

濱口　そうかもしれません。

石川「デカルト、ベーコン、濱口」な私としては、「濱口」を経典として残す使命があると思っているんです。キリストも釈迦も著作を残しておらず、後の人が経典を書いたわけですしね。だから、じっくりと、ひとつひとつ追いかけていこうと改めて思いました。

ところで、濱口さんは教養をどのように捉えていますか。

濱口　たとえば、「ロジックとアイデアは必ず対にすること」が重要だと思います。アイデア&マス（idea & mathematics）の交点が、大切だからです。アイデアだけやるコンサルティング会社はいっぱいあります。でも今はみんな賢いから、「アイデアはおもしろいけど、それしかないの？　どうやって機能するの？」ということを説明できないことがある。その一方で、マスマティックをやるコンサルティング会社もたくさんある。でも彼らにはアイデアがないわけです。両方できる会社が少ない。

その理由はなにかというと、ツールがないからです。アイデア好きのヤツらが集まればアイデアは作れる。論理好きなヤツらが集まれば論理はできる。でも、ツールがないから、融合しない。だから教養として重要なのは、「アイデアがあったら、必ずそれをマスマティックにする」「マスマティックを思いついたら、必ずそれをアイデアにする」というクセを身につけることです。

石川さんがおっしゃったように、必ずトレードオフで見るということと、トレードオフは解消できる、という確信を持っていることが重要です。

石川　創造とは、「アイデア＆マス」を対で考えるクセを身につけること。おお、最後にひとつ結論がでましたね。

濱口　それに付け加えて、もう少し情緒的に言うと、「おもしろがる力」「おもしろがらせる力」「おもしろくする力」の三つが、これから先に持つべき力だと思います。

まず、何かを見て「おもろい！」とか、「へぇ、何それ?」といった具合に、キチンと「おもしろい」と感じることが重要です。

二つめは、何かおもしろいことがあったら、人に「おもろいで」と伝えること。「こんな発見があるよ」と、自分が考えたことに人を巻き込む力が重要です。

最後は、おもしろくないものをおもしろく変えたりだとか、バイアスをブレイクしたりみたいなものを自分で発見して、おもしろいものを作っていく力です。

そして「おもしろがらせる」ときには、アイデアとロジックが非常に重要なんです。どちらかだけでは、人は満足しない。「アイデア&マス」のニコイチが、おもしろがらせる力のコアにあります。この「おもしろがらせる力」が鍛えられないと、「おもしろくする力」はついてこない。だから、この三つを「教養」として身につけないといけないと思います。そして教養だから、テクニークとして書いて学べるようにしないといけない。今日お話したようなことは、そのテクニークだと言えると思います。情緒的に言えばですが。

石川 ムチャクチャおもしろいですね！ 今のお話を私なりにまとめると、「おもしろがる力」には直観が重要で、「ちょっと待てよ」という違和感を覚える力が強い人ではないかと思うんです。「おもしろくする力」は、大局観ですね。大局観のある人は、「そもそも」ってよく使います。「そもそも世の中はどうなっているのか」とか。そして「おもしろがらせる力」には、論理が必要になってくる。

「ちょっと待てよ、そもそもこういうことだから……、ということは、こういう〝アイデアとマス〟ですね！」と。

この、「ちょっと待てよ」「そもそも」「ということは」という口癖を、気にかけていくといいのではないかという気がします。でもみんな、ちょっと待たないんですよねぇ。

濱口　確かに（笑）。

石川　だからこの対談を読んだ人は、バイアス・ブレイクのチャートを書くことを、ぜひ一年やってみてほしいんです。物の見方、考え方が劇的に変わります。大局観を得るためのツールが、はじめてできたわけですからね。

濱口秀司（はまぐち・ひでし）
京都大学卒業後、松下電工（現パナソニック）に入社。全社戦略投資案件の意思決定分析担当となる。一九九八年から米国のデザインイノベーションファーム Ziba に参画。世界初のUSBメモリはじめ数々の画期的なコンセプトづくりをリード。パナソニック電工新事業企画部長、パナソニック電工米国研究所上席副社長、米国ソフトウェアベンチャーのCOOを歴任。二〇〇九年に戦略ディレクターとして Ziba にリジョイン。二〇一三年、Ziba のエグゼクティブフェローを務めながら、自身の実験会社「monogoto」をポートランドに立ち上げ、ビジネスデザイン分野にフォーカスした活動を行っている。ドイツ RedDot デザイン賞審査員。イノベーション・シンキング（変革的思考法）の世界的第一人者。論文集『SHIFT：イノベーションの作法』（ダイヤモンド社、kindle 版）がある。

第四章

出口の思考力

大嶋光昭×石川善樹

(1) イノベーターは異端者

†登録特許数一三〇〇件！

石川 本日は、「世界の大嶋さん」をご紹介できて大変光栄です。

大嶋 いえいえ、よろしくお願いします。

石川 読者のために、まずは大嶋さんのご経歴をざっとおさらいしたいと思います。まず、大嶋さんが出願した登録特許の数は一三〇〇件！ それらの特許はパナソニックに巨額のライセンス収入をもたらしています。さらに、大嶋さんの研究が元となったプロダクトによる営業利益は三〇〇〇億円！ 仮に営業利益が五%だとして計算すると、六兆円を売り上げたことに相当します。

では実際、大嶋さんは何を発明されたのかというと、代表的なのが「振動ジャイロ」です。この技術からビデオカメラやデジカメの「手ぶれ補正」技術が生まれています。これだけでも世の中に大きな恩恵をもたらしたと言えますが、さらにさらに、海外大手半導体メーカー製ＣＰＵに採用されている「２クロック方式省電力ＣＰＵ」、日米欧の地上波デジタルＴＶ放送の基幹部を担う「規格必須特許」、コピー・ワンスやダビング一〇といった〝光ディスクへのコピー〟を実現させた「光ディスク規格（BCA CPRM）」、同じく光ディスクソフトの「ゲーム用光ディスク海賊版防止技術」、３Ｄ放送の「３Ｄ符号化技術」、スマートフォンで可視光通信が受信できる「光ＩＤ技術」、そして３Ｇ携帯を大幅に高速化した適応変調技術や、最近話題となっている５Ｇ携帯の特徴である「超低遅延」を実現する基幹技術など、数多くのデジタル通信技術の基本特許を発明していらっしゃいます。

つまり大嶋さんは、世界初や世界一の発明を次々に生み出す、シリアル・イノベーターと言うことができるでしょう。実際、シリアル・イノベーターの研究をしているイリノイ大学のブルース・ボジャック教授たちがまとめた『シリアル・イノベーター――「非シリコンバレー型」イノベーションの流儀』（プレジデント社）やｉＰｈｏｎｅの開発物語をまとめた『ＴＨＥ ＯＮＥ ＤＥＶＩＣＥ』（Little Brown & Company×日本語版ダイヤモンド社）という書籍のなかでも、大嶋さんは紹介されています。

クリエイティビティやイノベーションの研究は、一九六〇年代にJ・ギルフォードというアメリカの心理学者が始めて以来、半世紀近くに及ぶ知見がたまっているわけですが、今日までに、二つのことが明らかになっています。

その前に大前提として、イノベーションやノーベル賞を取るような発見は「運である場合が多い」という事実をお伝えしておきましょう（笑）。たまたま巡り会っちゃった、というケースが意外と多いんですよ。とはいえ、ディスラプティブ（＝破壊的）なことをする人というのは「どうもこういう人なんじゃないか」という特徴が二つあって、そのひとつが「少人数のチームでやる」ということなんです。多くても三人。それくらいのチームの方が、革命的なことをしやすいと言われています。

そしてもうひとつが、「どこから考え始めるのか」ということなんです。ほとんどの人は、「新しくて人気があるアイデア」に飛びつきます。いまだとブロックチェーンとかAIとか。そうした新しくて人気がある分野から考え始める人は、「ものごとを成長させる」ときにはいいのですが、「ディスラプティブ」なことはしない、というわけです。耳の痛い人もいるのではないでしょうか。

では、ディスラプティブな人はどこから考え始めるかというと、「いまは人気がない古いアイデア」から考える傾向があるんです。クリエイティビティやイノベーションの研究において、現時点ではそれが結論とされています。

そんなイノベーターのなかでも、何度も何度も繰り返し成功させる人、つまりはシリアル・イノベーターと呼ばれる人たちが持つ独自の方法というのは、まだまだ未開拓です。

私はここ数年ほど、そうしたシリアルにすごいことをやる人、連続的に何かをする人にはどういう特徴があるのかを研究していて、そのなかで最初に出会ったひとりが大嶋さんです。本当にすごい人なのですが、その評価は海外の方が高く、日本では思いのほか知られていないという印象です。なので、この機会を通じて少しでも多くの読者に大嶋さんのことを知っていただきたいと思っています。

前振りはこのくらいにして、ここからは私も、大嶋ワールドにどっぷりと浸かりたいと思います。大嶋さん、準備はよろしいでしょうか?

†異端者の集団「無線研究所」

大嶋　ご紹介ありがとうございます。海外の方が評価が高いというのは、石川さんのおっしゃる通りだと思います。というのも、日本はイノベーターに対する評価が低いですからね。ほとんど注目されません。実際にモノを作った人とか、モノを販売している人が評価される社会なんです。

それは企業内でも一緒で、イノベーターはリスペクトされません。つまり、居づらいんです。だから出ていってしまう。それでも、私たちの時代は出て行くことはなかった。会社を辞めたら終わりでしたからね。しかし今は海外にも行けるし、どんどん出て行きますよね。実際、イノベーターというのは異端者です。アメリカでは、異端者でも居心地は悪くありませんし、逆にまわりの人が助けてくれたりもします。しかし日本は同質社会ですから、異質である異端者を排除しますよね。でも、幸いなことに私は、無線研究所（無線研）という組織に救われました。

無線研というのは、松下電器産業（現パナソニック）に存在した、部品・材料・電子機器全般を担当する研究所です。この無線研究所は、松下幸之助が「イノベーションを生むための仕掛け」として考案したという仮説を、私は立てています。一九五三年、幸之助はアメリカのベル研究所へ視察に行き、その後、中央研究所（中研）を設立しました。中研と同じ規模の無線研ができたのは、その九年後の一九六二年です。なぜ、同じ規模の研究所を二つ作ったのか、不思議に思われるかもしれません。

中研は、一般的に必要と考えられるテーマをすべてやっているという意味では、いわば研究の「デパート」で、優等生型の人材が配属されていました。これに対して、無線研は「専門店」で、優等生型でないちょっと変わった連中の集まりでした。私自身は一九七四年に松下電器産業へ入社して早々、研究者としてこの無線研に配属されました。

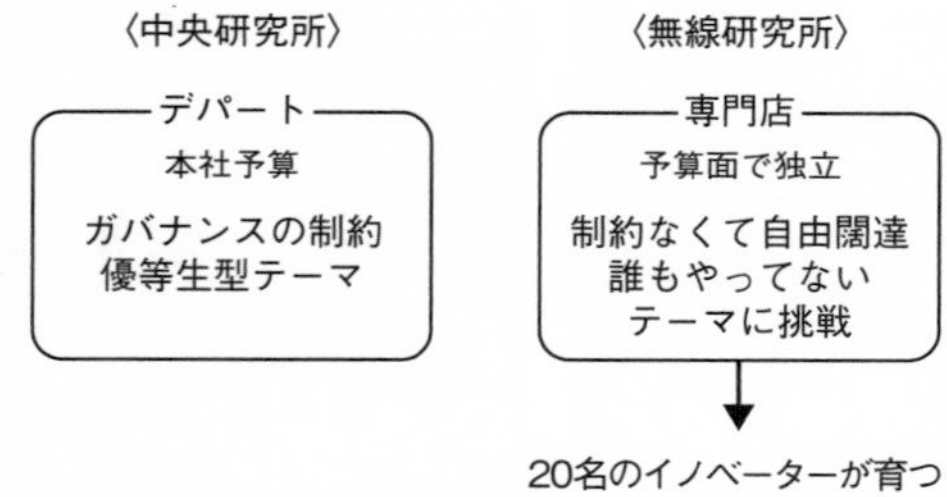

［図 4－1］中央研究所と無線研究所の関係性（by 大嶋）

　研究分野は中研と一緒でしたが、ミッションはハッキリしていて、「中研でやっていないことをやる、つまり、他社でやっていないことをやる」でした。「こちらは専門店なので、デパートで売るものを売っちゃいかん」というわけです。ですから、先輩たちからは「世界初か世界一の研究をやれ！」と、よく怒られました。無線研では何も指示を出さなくても、所員が自発的にイノベーションを起こそうとしていたんです。

　無線研ができたのは一九六二年ですが、このとき幸之助は六七歳で、まだバリバリでした。あの方は「何もしなくても自動的にできる」というやり方を基本にしていました。事業部制にしてもそうです。本人は体が弱かったこともあり、何ごともオートマティックにできるような巧妙な仕掛けを随所に作りました。その観点から言えば、研究所に関しても、自動的に、自律的にうまく行くような仕掛けを考えたはずです。「無線研は、幸之助が作ったイノベーションのための仕掛けである」と私がにらんでいるのは、それが根拠となっています。

あのころ、松下電器産業は「マネシタ電気」と揶揄されていましたが、実際は世界初のことをたくさんやっていたのです。当時の無線研には二〇人のイノベーターがいて、世界最高のスピーカーやレコードプレイヤー、世界初の画像圧縮技術などのイノベーションを次々と生み出していきました。現在の当社事業の多くが無線研のイノベーターが起こしたイノベーションを端緒としていることは、社内でもあまり知られていませんでしたが……。

†「丁稚奉公」で「出口」がわかった

大嶋　ほかにも、無線研には変わったところがありました。何か新しい技術を開発した場合、普通の研究所であれば、「引継書を作って工場にわたしてオシマイ」じゃないですか。しかし無線研では、少なくとも最初の一回か二回は、工場へ行き、設計して、製造して、品質管理して、販売して……と、最後までやらされるんです。大体二年くらいかかりっきりになり、それでまた帰ってくる。この一連のプロセスを、私は「丁稚奉公」と呼んでいました。

これを一度やると、自分でやったことの「出口」がわかるんです。品質がどうとか、コスト意識とか。たとえば部品代が五〇円だから原価五〇円でできると思い生産工場に提案したところ、実際に事業目論見書を作ってみると、はんだ付けの工賃などさまざまなコストがかかるわけで、結局七五〇円になることを知る。そうすると、どこを削ったらいいかがわかってくる。こうした丁稚奉公で、事業、つまりは出口がわかる研究者が育つのです。

さらには営業の最前線にも出るので、お客さんの声を聞くことができる。実によくできたシステムだと思いました。これらを含めて、無線研は「あまりにもよくできている」ので、これは幸之助が絡んでいるに違いないと、後になって気づいたわけです。そんな無線研の現場から、私は一度追い出されました。実験が遅かったこともあって、研究管理部門へ異動させられたのです。研究所の予算管理やプロジェクト管理をする、いわば事務職です。研究職の道が閉ざされたとわかり、もう、奈落の底に落ちたような心境に陥りました。しかしそこで腐らず、這い上がるためにはどうしたらいいかを必死に考えたんです。

たまたま隣りに図書室があったこともあり、五時に仕事を終えてから、毎日そこで勉強しようと決めました。目標として、新しい技術分野を月に一つ習得し、必ずその分野の新しい発明をして、特許を月に一件出願する、というアホなことをやりました。それを三年くらい続けました。

本を読むだけではなく、読んで自分なりに新しいアイデアを考え、それをその技術分野のトップの人にぶつけました。当時の松下電器産業には一万七〇〇〇人の技術者がいたので、そのなかでもトップの人のところへ夜八時くらいに行って、「すみません、この技術、私はこう変えたらよくなると思うのですが」って、相手が帰ろうとしているところに聞きに行くわけです。時には一一時くらいまで（笑）。

ただ教えてもらうわけではなく、アイデアを提案するのです。あちらとしてもアイデアを持って来ているから、「ここはこうした方がいい」って教えてくれます。それを毎月毎月続けました。かなり大変でしたが、当時の特許出願の記録を見ると、年に一七件ほど特許を出していました。それがあったから、ほかの分野、たとえばジェットエンジンや原子力発電の発明でもできるようになりました。

そうして身につけた知識のうちのひとつが、「振動ジャイロ」だったんです。

（2）入口と出口を見極める

†発明したのは「二番目の出口」

石川　ジャイロセンサーといえば、いまやスマホやカーナビには必ず入っているデバイスですが、それを開発したのが、なんと大嶋さんというわけですね。

大嶋　はい。振動ジャイロの原型は一九五〇年にアメリカで開発されていますが、安定性が悪かった。そこで私は、一九八〇年に構造を変えて改良発明をしたんです。この時は、カーナビ用のセンサーとして振動ジャイロを生かせると考えました。ただ、思ったほどうまくは行かなかったんです。なぜなら、一五年後の一九九五年にＧＰＳが民生用に開放されるまで、カーナビ自体の市場がなかったからです。つまり、出口がなかった。

石川　それでどうされたんですか？

大嶋　傷心旅行に行きました（笑）。

石川　なんと（笑）。

大嶋　友人と三人でハワイへ行ったんです。レンタカーを借りて五日間ドライブをしました。その旅で、当時はまだ珍しかった大きなビデオカメラを会社から借りて、友人が撮影をしました。友人は、ドライブ中にも撮影をしているのですが、「手ぶれする」ってうるさいんです。

旅も終わりに近づいたころ、あることに気がつきました。彼は腰を軸にして回転していたんです。手ぶれって一見、上下運動に思えるし、私もそう思っていたのですが、一度回転だとわかると「ジャイロが使える！」とひらめきました。ジャイロは、空間における回転を検知するセンサーですからね。「自分が一度失敗した技術が使える」とひらめき、ひらめいたら一秒で答えが出ました。

石川　一秒で！

大嶋　はい。一秒で手ぶれ問題を解決する原理を思いつきました。それが、いま実用化されている「手ぶれ補正」技術です。前の仕事がリンクして、発明が生まれたわけです。そういう意味では観察力の勝利でした。手ぶれ補正ではいろいろな賞をもらいましたが、結

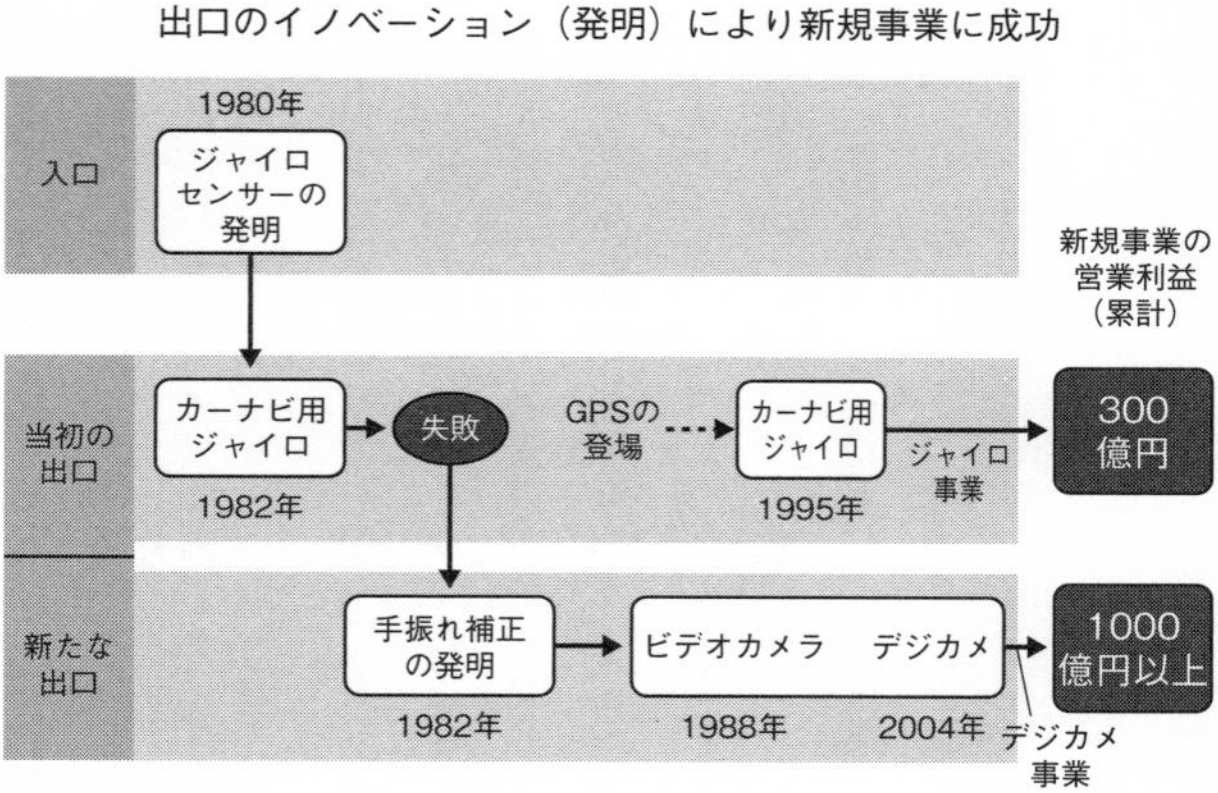

［図4－2］

局私は何を発明したのかというと、「二番目の出口」を発明したのだといえます（［図4－2］）。

石川　なるほど。では、振動ジャイロと手ぶれ補正がつながり、それが事業化するまではどういう流れだったのでしょうか？

大嶋　その後、事業化するまでには六年かかりました。企業というのは通常、三年くらいしかプロジェクトをやらせてくれないものです。でも実際に事業化するには、三年を一クールとするならば、三クール必要です。

石川　どういうことでしょうか？

大嶋　最初の一クールでは「ゼロからイチ」を生み出し、次は「イチから一〇」をやり、三クール目で「一〇を一〇〇〇や一万」にする、つまりは事業化するという流れです。そうやって九年単位でものごとを考え、九年先を見据えていくことがイノベーションにつながります。

その際重要になってくるのが、出口戦略です。入口のイノベーションは、時期はいつでもいいんです。偶然生まれるから、タイミングというものはない。でも、出口はタイミングが大事です。早くても遅くてもダメ。これからイノベーションを起こそうという人は、入口と出口の見極めを心がけた方がいいと思います。

もちろん、入口の素性がいいことが大事です。入口の素性が悪い場合は、出口も大きくなりません。今私が取り組んでいる「光ＩＤ（リンクレイ）」は、私としては技術の素性はいいと思っています。現状では年間数億円の売上げですが、もし、いい出口が見つかれば、年間数百億円の事業に大化けする可能性を秘めていると思います。

石川　手ぶれ補正のほかに、出口戦略で成功したという事例はありますか？

大嶋　たとえばゲーム関連でしょうか。具体的には「ゲーム用光ディスクの海賊盤複製防止技術」の発明です。当初はアーケードゲーム用に事業化しようとしたのですが、年商数億円でした。しかし、数年後に家庭用ゲーム機に出口を変えたことで、結局、関連事業も含めると、累計で一〇〇〇億円を超える営業利益をもたらしました（［図4-3］）。

出口のイノベーションにより新規事業に成功

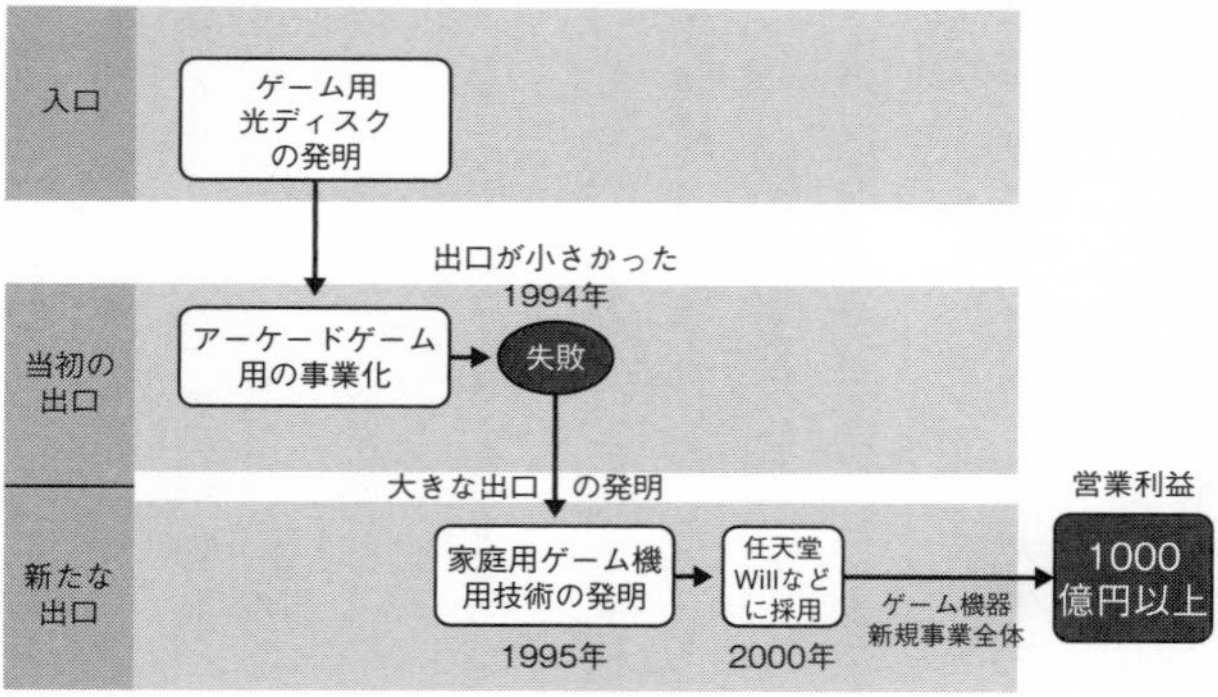

［図4－3］

石川　逆に、入口の素性はよかったけれど、出口に失敗した例もあるのでしょうか？

大嶋　失敗例ももちろんありますよ。

たとえば一九八五年に私のチームで発明した「CD-R」です。当時はオーディオ向けの用途を想定していたのですが、早すぎました。その三年後CD-Rはデータ記録用のニーズが発生し、他社が成功しています。このテーマは、出口のタイミングを三年遅らせれば成功したかもしれません。

あと「2クロック省電力CPU」もそうです。これは社内での事業化には失敗し、米国の大手半導体メーカーに採用されました。まあこちらは、特許ライセンス料で充分稼ぎましたが。

イノベーターにも上には上がいて、スティーブ・ジョブズが稼いだ累計営業利益は約三〇兆円です。孫正義さんも、一五兆円くらいでしょうか。彼らは横綱です。マーク・ザッカーバーグは今のところ三兆円程度なので、大関と言えるでしょう。それでいくと、私なんかは前頭五枚目です。あと、すごいのがイーロン・マスクです。彼は、営業利益を出してませんからね（笑）。ちなみにパナソニックはテスラにバッテリーを供給しているので、仲はいいんですよ。

†「ソーシャライズしたらダメだ」とアラン・ケイは言った

石川　それにしても、いろいろな技術領域で既成概念をディスラプトするような発明を行える秘訣は、どこにあるのでしょうか？　若いころから「世界初か世界一じゃなければダメだ！」と教え込まれたからでしょうか？　あと、「左遷」時代に図書室で必死に勉強し数多くの技術領域の知識を得たことも大きいのかもしれませんが。発明には多様性が大事なんですね。

大嶋　一九八八年に（パーソナルコンピューターの父とも言われる）アラン・ケイと会う機会があったのですが、そのとき彼は、「ソーシャライズしたらダメだ」と語っていました。「会社に入ってどんどん教育されていくのだけれど、それによって視野が狭くなってしまう」と。以来、上司の言うことを聞かなくなりました（笑）。

石川　あはは（笑）。

大嶋　あと、時代に恵まれていたということもあります。TV放送のデジタル化は一九九五年くらいでしたし、今も、自動車のAI化やEV化が急速に進んでいるじゃないですか。そうした一〇〇年に一度と言ってもいい転換期にたまたま居合わせていること自体、ついているといえばついている。私としては、そこに飛び込んで挑戦しているにすぎません。

あっ、ここでひとつ自慢をしてもいいですか？（笑）

石川　どうぞどうぞ（笑）。

大嶋　みんながアナログTV放送の研究をしているとき、一九八九年くらいから、私はデジタルTV放送の研究をしていたんです。その後、デジタル放送の規格を巡って世界中の通信技術者が競い合いましたが、結果として基本特許の出願で私が先行しました。この開発競争の勝敗の基準は何かというと、地上波デジタルTV放送の基幹部を担う「規格必須特許」に認定された件数になります。日米欧とも、規格に私の特許が最も多く採用されているんです。規格必須特許のシェアは三〇％を超えました。

当時、デジタルTV放送はアメリカが先導していました。MITで電気工学の教授をしていた、ウィリアム・シュライバーという人物がその流れを牽引していて、彼は米国議会で「デジタルTVをやるべし」と証言したことから、アナログHD放送からデジタルHD放送に一気に流れが変わりました。彼と私は同じ方式の特許を出したのですが、私の方が出願日が早かったんです。数年後、シュライバーの研究室から「最近は何を研究されてますか?」という探りの手紙が届きました（笑）。

ちなみにもう一人、電子技術者でNational Medal of Technologyというノーベル賞級の賞を受賞し、一九九九年から二〇〇一年までベル研究所の所長を務めていた、アラン・ネトラヴァリにも、3G～5G携帯やWiFiなどで使われている通信速度可変型デジタル通信方式の基幹技術の特許の出願で先行することができました。

石川　人より早く研究テーマを見つける「見立ての力」も、非常に重要であるというお話ですね。そうした見立ての力を、ご自身ではどう分析していますか?

大嶋　私の場合の目利きは、パターン認識です。いろいろな成功パターンも失敗パターンもアタマに入っていますから。成功事例は一〇ですが、それに加えて三〇程度の失敗事例があるから、四〇ほどの事例の基本パターンがアタマに入っているわけです。この四〇事例のなかのそれぞれに、「あそこでこうしたら成功した／失敗した」という各分岐点において判断した派生パターンが一〇件あるので、合わせると四〇〇くらいのパターンがアタマに入っているのです。

なのでパッと見て、「これはあのパターンだな」ってすぐに判断できます。要はリンク力です。「これはあの時と一緒だから危ない」とか、パッとわかるので目利きができる。

石川　大嶋さんは、そもそものごとを見る時に、「それが世界初かどうか」という視点で考えているわけですものね。そのコンセプトで四〇年活動をしてきたわけですから、もう、溜まっている知見が圧倒的なのだと思います。

大嶋　「世界初、世界一」以外はやりません。無線研で感染した「イノベーター菌」が、私の中では消えることなくずっと生きているわけですから。

松下幸之助は、無線研というハコを作って五〇〇人くらいの研究者を集め、少し尖った無垢な新入社員をそこに放り込み、どんどんイノベーター菌に感染させていきました。立ち上げ当初、無線研には大学の助教クラスや、通産省（当時）の研究所からイノベーターたちが集められており、そのマインドやノウハウを、私たちのような後輩の研究者は継承することができました。しかし失われた二〇年の影響で、現在その継承は途切れてしまっています。私のこれからの使命のひとつは、その状況を打破し、若い世代のイノベーターを育成していくことだと考えています。

（二〇一八年三月八日・東京六本木）

大嶋光昭（おおしま・みつあき）
パナソニック株式会社名誉技官。ＥＳＬ研究所所長。工学博士。京都大学特命教授。（公益財団法人）京都高度技術研究所フェロー。松下電器産業株式会社（現パナソニック）入社後、デバイス、カメラ、液晶、ＣＰＵ、デジタル放送、光記録、暗号、立体映像、インターネット、ＩｏＴ家電、スマートフォン５Ｇ通信技術などの複数の技術分野において基本技術の研究成果を挙げるとともに、基本特許を権利化。二〇〇四年紫綬褒章受章、二〇〇三年恩賜発明賞、二〇〇七年大河内記念生産賞、二〇〇八年経済産業大臣発明賞、二〇一三年市村産業賞貢献賞など、異なる技術分野において国内外で一四件受賞。二〇二〇年には旭日小綬章を受賞。著書に『「ひらめき力」の育て方』（亜紀書房・二〇一〇）。

第五章

基礎研究、社会実装、倫理

小泉英明×石川善樹

(1) 製品づくりのための「縁の下の力持ち」

†最も苦労した一番手は表に出ない

石川 小泉さんはこれまで日立製作所の中でさまざまな製品をつくってこられました。基礎となる物理的原理の発見から、世の中に貢献する製品としての社会実装まで、一貫した開発を行われてきたなかで、大事だと思われていることは何でしょうか。

小泉 これは自分でもいつも反芻していることなんですけど、製品をつくるというのは、ごまかすと最後は絶対にうまくいきません。つくっているときに「ここは少し気になるけど、まあ大丈夫だろう」と思ってそのままにすると、市場に出ていったときに、必ずそこが問題になるんですね。そういうことを何度も経験しています。

石川 小泉さんが最初に手がけられたのは環境測定器でした。その開発でも、そういうことはあったんですか。

小泉 何度もありました。この環境測定器ではゼーマン効果という基礎原理を使っているのですが、これを実現するためには、真空紫外域に至る精度の高い偏光をつくる必要があります。

そのために、ふたつの人工水晶を、それぞれの結晶軸が直行するように貼り合わせてプリズムをつくるんですが、貼り合わせる面に少しでも光を妨げるものがあると光が通らなくなってしまいます。また、膨張率の異なる二軸を貼り付けるには、分子レベルで完全に平らな面を磨き出さなくてはいけないんですね。それにはとても細かい手作業が必要で、実は最初、会社の中ではできなかったんです。

幸いなことに、東京都知事をやった青島幸男さんのお兄さんの町工場が引き受けてくれました。彼はとてもおもしろい人で、ベンチャー企業をつくっても、少し大きくなるとほかの人にあげてしまうんです。数十人の小さな会社のほうがおもしろい、と言ってね。その代わり、常に世界でそこしかできないようなことをやっていました。日立製作所では回折格子をつくっていて、中央研究所でも花形のひとつだった時代があるんですが、実は、その大本となる真っ平らな原盤は、青島さんのところで磨いてもらったんです。

実際に何かをつくるときは、そういう人たちがとても重要です。浜松ホトニクスの書馬輝夫さんは、「おれがノーベル賞を取ったんだ」と何度も豪語していました。実際、彼がいなかったら、カミオカンデなんかも動かないですから、本当にその通りだと思います。アイデアは多くの人が思い付きますが、実際にデータが取れるようになるのは、優れた職人のような方々がものをつくってくれるおかげです。でも、そういう人たちはあまり宣伝しないんですね。書馬さんは別ですけど（笑）。

石川　製品づくりには、縁の下の力持ちが不可欠なんですね。

小泉　実際にものをつくっている現場は、外から見えるのとはかなり違っていて、最も苦労した一番手は表に出ないことが多いんです。はじめてだからいろいろミスも起きるし、本当に手づくりのようなものですから、データも不安定で、論文として評価もされません。それを見た人たちが、しばらく時間がたってからやり直して、結局、歴史に残るのは二番手なんですね。

†本当の原点までさかのぼって考える

石川　日立製作所はさまざまな製品を世の中に送り出してきました。企業としての日立の社会実装には、どのような特徴がありますか？

小泉　私は、誰かのまねをするのが本当に嫌いなんです。絶対にまねをしたくない。だから、自分で見つけたり、思い付いたりしたことは、本当に自分がはじめてやったことなのか、数百年くらい前までさかのぼって調べるようにしています。

茨城にいたときは、近くの原研（日本原子力研究所）に大きな図書館があって、物理学や原子力関係の資料を現物で所蔵していたので、一〇〇〜一五〇年前までさかのぼって実際の論文を調べることができました。調べてみると、本当にありとあらゆることをやってるんですね。そういうことはインターネットでは調べられません。インターネットは、できてからまだそんなに年数が経ってないですから、古い情報は欠けているんです。

石川　なるほど。少し余談になりますが、コンピューターは〇と一のビットで処理を行っていますよね。この、二ビットでものごとを考えるという原型をさかのぼっていくと、その大本は中国の陰陽にあるのではないかと思います。易経がまさにそうですよね。そのことを勉強して知っていたのがライプニッツで、彼は陰陽をヒントに二進法を考え出し、それから三〇〇年くらいたってコンピューターに実装されたんですね。どれだけ深く歴史を見ているかは、創造活動にとってとても重要だと思います。

小泉　私は、中国工程院の外国籍院士になっているのですが、工程院へ行くと、中国の発明や発見が展示してあります。古代中国の四大発明のひとつに印刷技術（木版印刷・活字印刷）がありますが、現在の情報・デジタル社会を支えている半導体が、いまのように安価に製造できるようになったのは、まさに印刷技術のおかげです。大きなシリコン基盤にフォトレジストで半導体の素子を印刷する工程のオリジナルは、中国の木版印刷なんですね。

活版印刷はグーテンベルクが発明したとされていますが、あれは基本的なアイデアではなく、金属を使って印刷を行った、ひとつのアプリケーションにすぎません。印刷技術は、中国で木版や陶器で型を取って複製したことが始まりなんです。

そうやって本当の原点までさかのぼって、どこで誰が考えたのかまで調べなければ、創造活動のメカニズムはわからないと思います。原点までさかのぼって、確かにこれは誰もやっていないことがわかると、俄然ハッスルして夢中で取り組めるんです。逆に、どこかで誰かがやっていたことがわかると、ガクンとやる気がなくなるんですけどね。

†変わらない基本原理を発見する

石川　小泉さんのご発言や文章を読んで、お人柄を表しているな、と思ったのは、よく「原理」という言葉を使われていることです。あまり一般には使わない概念だと思います。

小泉　偏光ゼーマン原子吸光法の開発に取り組んだとき、カリフォルニア大学でノーベル賞候補だった学者が指導してくれたのですが、途中から意見が違ってしまいました。簡単に言うと、光源に磁場をかけるか、試料のガスに磁場をかけるか、そのふたつで意見が完全に対立してしまったんですね。彼は、試料に磁場をかけるなんてうまくいくはずがない、高温で三〇〇〇度くらいまで大気圧で加熱するので物理的な実験もないし、現象もよくわかっていないのに装置をつくるのは無理だ、という意見でした。

一方、私のほうは、光源に磁場をかける方法では、実用化は無理だと考えていました。光源に磁場をかける場合、真空といっても、実際には原子蒸気の自己吸収が存在するので光源が安定しません。こういうことも実際にやってみないとわからないことです。物理学者はあまり興味がないのですけどね。とにかく、この問題は、実際の現場で使う計測装置には致命傷だと思ったんです。当時指導してくれた方々はノーベル賞を取るような素晴らしい人たちだったのですが、「きみがそう思っているのなら、それも応援するから、きみはきみのやり方でやりなさい」と言われ、結果的に決別することになりました。その後、日立のなかで独自に研究開発を続けて、製品化することができたわけです。社会実装してからもう四〇年以上経っていますが、いまだにトップシェアに近く、一万台を超える機器を使っていただいています。

昨今はよく「ドッグイヤー」という言葉を耳にしますが、いま、日本で活躍されている先生たちは、学生をすごく急がせて研究させているように思います。来年までにこの結果が出てこなかったらゼロになるんだよ、というような、大変な競争です。それで一年経ったらどうなるかというと、また次の一年頑張れ、と馬車馬みたいに働かされる。そういうことで、本当に若い人たちの教育になっているのかな、と疑問に思います。

私は正直言って、そういう仕事はやりたくない。私の興味は、いまお話ししたような、四〇年間変わらずみなさんが使ってくれて、役に立つようなものをつくることです。小さくてもいいから、そういうものをやりたいんです。

石川　まさに、何千年も基本原理として使われてきた印刷技術のようなものをつくりたい、ということですね。実装を急いで流行ばかりやっているとジリ貧になってしまいますから、独自の基礎技術にフォーカスしたほうがいい、というのはよくわかります。しかし、現実の世界では一番手より、二番手、三番手のほうがうまくやることも多いですね。そこはどうお考えですか？

小泉　実はＭＲＩの開発では、当初、私たちは二番手でした。一九八〇年代初頭から八五年くらいにかけて、小さな企業も入れると世界で五〇社くらい参入していたんじゃないでしょうか。そのときは、私が本来やりたいやり方は置いておいて、完全に生き残り作戦を採って一〇年くらいやりました。とにかく生き残らないと淘汰されてしまいますから。結果的に、日本でいまでもそのまま残っている国産メーカーは、日立だけということになりました。

石川　生き残り作戦として、何がうまくいったのでしょうか？

小泉　私たちが生き残れたいちばんのポイントは、本来なら段階を踏んで開発するところを、一ステップ飛ばして、ひとつ先の開発をやったことだと思います。当時、高周波磁場は人体で吸収されて体の奥まで届かないので、高磁場をかけてもきれいな画像は撮れないと考えられていました。カリフォルニア大学が中心となって、〇・三五テスラがベストだというのが世界の大勢だったんです。

しかし、この分野に途中から参入して大きな投資を始めたＧＥは、実際にいろいろな試作装置をつくって、電磁波は思っているよりも人体の奥まで入るのではないかと考えて、より高磁場のほうへ向かっていきました。先行きが見えなくて、学会でものすごい論争が起きていたころです。

石川 それで、小泉さんも高磁場のほうに進む決断を？

小泉 当時、日本のメーカーはどこも〇・三五テスラで開発していました。私たちは思い切って、〇・三五テスラを飛ばして、〇・五テスラという少し高い磁場で開発を始めたんです。〇・五テスラはちょうど低磁場と高磁場の中間で、結局それが初期の主流となりました。あのときに直接〇・五テスラに飛んだことで、技術的には苦労したんですけど、超伝導磁石を使ったＭＲＩ装置の国内第一号機は日立ということになりました。東芝も〇・五テスラを始めましたが、幸いなことに数カ月ですけど、私たちのほうが病院内設置が早かったんです。

石川 そんなにわずかな差だったんですね。

小泉 当時としてはかなり思い切った決断でしたが、同じことをやっていたら、そこで脱落していたと思います。ほかの人がやっていることはやらないで、それより難しいことをやったことで生き残れたわけです。実は、先ほどの環境計測のときの原理は「電子」のゼーマン効果ですが、ＭＲＩは「陽子」のゼーマン効果ですから、元をただせば両者の原理は同じです。分野も応用もまったく異なるふたつの装置ですが、根底となる原理は同じなんです。

(2) 社会に役に立つものを作りたい

†「計画から新しいものは出てこない」

石川 いままでのキャリアを振り返って、本当に独自のものをつかめた、という経験は何度くらいありましたか?

小泉 けっこう回数はあるんですけど、世の中で役立ったものとなると、限られてきます。まったく偶然に新しい原理を見つけたのが、MRアンジオグラフィ(血管造影)という技術です。いま、脳ドックに行くと、動脈瘤を検出する検査をやってますね。あれは本当に偶然見つけたものです。

常伝導MRIの一号機を東京女子医科大学病院に納めたとき、放射線科の先生からクレームが入りました。検査画像の中に実際にはありえない光る部分が写っている、と言うんですね。アーチファクトと呼ばれるものですが、実は、同じ問題にどの会社も苦労してたんです。その当時の装置はフル稼働しないと採算がとれないほど高価で、しかも第一号機ですから、院長先生もとても心配していました。

私は夜中に病院へ飛んでいきました。昼間は病院で装置を使っているので、私たちは触ることができません。先生方の仕事が終わる深夜一二時ごろから、次の日の朝また稼働させるまでが、私たちが触れる時間帯だったんです。しかし、いろいろ調べてもどうしても原因がわからない。単純な事故ではないと気づいて、ソフトウェアを担当していたシステム開発研究所にいろいろ解析をやってもらったら、どうも脳の血管の中の血液の流れが原因で磁場の位相が変化しているらしい、ということがわかってきたんです。

そこで、逆に、位相が変化した場所だけを取り出せば、動きだけの画像を取得できるはずだと考えて、病院の中で模擬実験をやりました。実験器具がないので、病院で脚立とポリタンクを借りて、ホースを近くで買ってきて、脚立の上に置いたポリタンクからホースに水を流してMRI装置で撮影しました。ホースの太さをいろいろ替えて、流速の違う画像を撮るという実験を真夜中にやったんです。

予想した通り、流速によって異なる画像が撮れたので、それをシステム開発研究所に送って位相を計算してもらったら、流れる速度とぴったり一致したんですね。体の中の血液の流れが、生きたまま計測できることがわかったわけです。この技術によって、たとえば、血管の狭窄や動脈瘤はそこで血流が止まったり、変則的になっているので、そういうものも調べられるようになったんですね。また、この原理は活動部位の血流変化を利用した脳機能描画装置（ｆＭＲＩ／光トポグラフィー）へと繋がっていくのです。

石川　そんなにすごい発明が、手づくりの実験から生まれたとは！　まさに、偶然から新しい発見が生まれるのですね。

小泉　そうなんです。しかし、近頃の研究を見ていても、そういうのはあまりないようですね。事前に細かく計画を立てて、こういうことをやりますって申請する必要がありますから。でも、本当に新しいことは、計画からは絶対に出てきませんよ。

†役に立つ計測器をつくりたい

石川　小泉さんは、基本原理の発見ですばらしい業績を上げられてきた一方で、社会実装にもとても力を入れてこられました。それはどういう思いからなのでしょうか。

小泉　製品開発を一生懸命やった理由として、計測という分野は、ほかのさまざまな分野のお手伝いとしては役に立つんですけど、自分ではいつも不甲斐ないと思っていたことがあります。

医療の場合、いくら患者さんの悪いところがわかっても、たとえばMRIで脳梗塞が発見されても、MRIで治すわけにはいかないわけですよね。計測が直接役に立つということではないので、忸怩たる思いがずっとありました。

それで、直接役に立つ計測機器をつくりたい、というのが、MR血管描画の開発を一生懸命やった理由なんです。非常に致死率が高い脳障害のひとつに、クモ膜下出血があります。風船のようになった脳動脈瘤が破裂して、クモ膜下出血が起こるわけですが、もし破裂する前に動脈瘤を見つけることができれば、比較的簡単な手術で大きな障害を防ぐことができます。動脈瘤を見つけることが、即、命を助けることになるわけです。それで、一生懸命、MRアンジオグラフィの開発に取り組んだのです。

三〇年ほど前、最初にMRI三次元画像をつくったときは、ある患者さんの聴神経腫瘍の部分だけを取り除いて、聴神経を正常に戻すことができました。その患者さんは幼稚園の先生でしたが、子どもたちに音楽を教えなくちゃいけないのに、耳が聴こえなくなってものすごく悩んでいたんです。その原因がずっとわからなかったのですが、ＭＲＩ画像が立体的になって、これまで見えなかった神経を覆う数ミリの腫瘍が発見できるようになりました。それによって耳が元の状態に回復し、再び幼稚園に戻れたんです。執刀した院長先生が、彼女がものすごく感激しているから会ってあげてくださいと言われて、会ってみると目の前で泣かれたんですね。そのときはとてもありがたいことだと感じました。

体を動かせないＡＬＳの患者さん（いわゆる植物様状態）のために、頭の中で考えていることを測定する近赤外の装置もつくりました。イエス・ノーしか判断できないものですが、実際にイエス・ノーで答えられる質問をしていくと、だいたいどんなことでも訊けるんですね。その患者さんは、ある家庭のお母さんだったのですが、お父さんも子どもたちも、彼女に意識があるとは思っていませんでした。でも脳波を取ったら、おかしくない。ちゃんと動いてるんですね。もしかしたら意識はあるのかもしれないと思って計測してみたんです。

実際に計測してみるとちゃんと反応があって、家族はみんな驚いていました。私たちも驚きました。部屋にあったピアノを弾いて右脳の音楽野や、さらに左脳の言語野の脳活動を、開発した近赤外の装置で調べたら、完全に正常な意識をもっていることがわかって、私たちも家族の方々も感激したんです。

子どもたちは、「お母さんよかったね、わかってたんだね」と言っていました。その女性はベイスターズの大ファンだったので、耳が聴こえるとは思っていなかったんですが、寂しいだろうからと、テレビをつけっぱなしにしていました。でもテレビの音はすべて彼女に聴こえていたんですね。お父さんが、ベイスターズが気になりますか、と訊くと、観測した脳の活動はすぐ、はい、と答えた。実は最初にデータが取れたとき、すごく心配しました。彼女が、もうこれ以上生きているのは嫌だ、もう死にたいと言われた場合に、どうすればいいのか。それが心配で、内心では困ったな、と思っていました。だから、そのときは少しほっとしましたね。

計測が終わって、装置を全部畳んで帰ろうとしたら、お父さんが外まで走って追いかけてきて、「もう一度、妻の顔を見てやってください」と言うんです。戻ってみたら、彼女の頬が、ぼおっと紅潮してたんですよ。自律系はALSの患者さんでも妨げられていませんから、感動することはできます。ただ身体を動かしては表せないだけなんですね。二年半ぶりに、ちゃんと意識があることを家族に知ってもらえたことがうれしくて、ぽっと紅潮されたんだと思います。

そのお父さんは、「妻はいままでこんなことになったことがない、よほどうれしかったんだと思うんです」と言われました。

石川　すごい話ですね。聞いている私も感動します。社会実装とは何なのかが、すごくよくわかる話だと思います。

（3）ビジネスと倫理

†倫理の原点は水俣病

石川　今回、どうしても小泉さんに伺いたかったのは、倫理についてです。基礎となる原理を見つけて、社会に実装して、大きなビジネスにしてこられた経験のなかで、倫理が大切だと気づかれたのは、どんなきっかけがあったのでしょうか。

小泉　これも偶然なのですが、入社した一九七一年は、水俣病が新聞の一面で取り上げられ、公害が大問題になっていたころでした。入社してしばらくトレーニングを受けた後、すぐに開発をやれ、と工場長から指示を受けました。その背景には、当時、環境問題がきわめて深刻になっていたことがありました。私が入った那珂工場は分析をやっていたので、目玉になるような新しい分析装置を何が何でも一年間で開発してくれ、と言われたんですね。そうしてカリフォルニア大学と共同研究が始まって、水銀の分析装置の開発に取り組んだのです。

単純な水銀の分析であれば簡単ですが、ヘドロに入っている水銀や、魚や患者さんの身体の中、毛髪や爪には不純物がたくさんあるので、そこに含まれている極微量の水銀を検出するのはとても難しい。当時の最高の技術でも、正確な分析には一週間近くかかっていたんです。分析精度が低く、計測できるサンプルも限られていたために、当時、水俣病の原因について、伝染病だとかマンガンが原因だとか、さまざまな説が飛び交っていました。最終的に有機水銀が原因だという決定的証拠が得られたのは、私たちが開発を始めて、しばらく経ってからでした。

そういう開発をやっているなかで、さきほどお話ししたように、私はさかのぼって調べないと気がすまないので、水俣病というのはいったい何なのか、どんなことが起きているのかということもかなり調べたんです。亡くなった方を解剖すれば、患者さんの身体の中で水銀が脳へ運ばれていることも見えてきますし、髪の毛を分析すれば、水銀が体内にどれだけ吸収されたかもわかるようになってきました。土壌や米の中の水銀も調べられるようになって、水俣病の汚染地域も正確にわかるようになりました。実際に計測を行なっていると、極秘で送られてくる試料もあります。サンプルを測ってみると、とんでもない量の水銀が出てきたこともありました。そういう理不尽さ、矛盾を感じながら、このままではまずいんじゃないか、と思ったのが、倫理を意識し始めたきっかけだと思います。

そうしているうちに、いろいろと理不尽なこともわかってきました。水俣病と同じ水銀汚染による公害で、第二水俣病というのがありますが、新潟ではいまだに問題になっています。海外では、カナダでも先住民の方たちが水俣病と同じ症状で苦しんでいます。金を掘るアマゾンでもそうですよね。そういうことが世界中で起きているのですが、被害者は虐げられた方たちなので、なかなか表に出てきません。自分のなかでの倫理というものは、やはり水俣病が原点ですね。後でだんだんわかってきたことですが、水銀中毒というのは脳の病気なので、そのときの経験はその後、脳にかかわる研究にもつながっていきました。

開発を進めていくうちに公害の専門家や医師とも知り合いになって、依頼もたくさん受けるようになり、検査装置は二四時間、何カ月にもわたってフル稼働しました。普通、分析装置はそういう使い方をしないので、いろいろと予想外のことも起こりました。たとえば、石英はかなり強い材料のはずなのに、それがぼろぼろになったりしました。社会実装の難しさを、入社から一〇年の間に、嫌というほど思い知ったんですね。

†日立製作所の原点

石川 技術や製品を社会に実装するなかで、水俣病が原点となって、倫理がとても大切だと気づかれたのですね。そこで、そもそも日立製作所とはどういう企業だったのか、と創業の原点までたどられたのでしょうか。

小泉 いま、世界中で、倫理がとても重要になりつつあると感じています。私は、これまでさまざまな機会をもらったおかげで、自然に倫理が気になってきたのですが、それとともに日立製作所の伝統の影響もあると思っています。私は自分で調べないと気がすまないので、日立の初期の歴史にはだいたい目を通しました。そうして、日立が誕生したころに興味をもつようになったんです。私はずっと環境にかかわってきたので、自然も大好きです。半分趣味みたいな感じで、川や海へ行って釣りをしながら、そこの生態がどう変化しているかを、時々、サンプルを取って分析していたこともあります。

そのときよく行ったのが、日立鉱山の近くの山でした。もともと水俣病の関係で環境問題に関心をもったわけですが、足尾銅山の鉱毒問題は最悪ですね。一般にもよく知られていることですが。けれども、日立鉱山を歩いてみると、そういうところが見当たらないんですよ。銅山だから同じような環境問題はあるはずで、もちろん一部にはありますが、すごく限定的で、それまで知っていたような鉱毒の問題が表向きには見えなかったんです。一九七〇年代のことです。

どうしてこんなに環境への影響が少ないのかなと思って、日本鉱業に資料をもらって調べだしました。すると、久原房之助という人が、企業は人とともにある、というしっかりした日本的資本主義の信念を、最初からはっきりともっていたことがわかってきたんです。公害なんかを起こすような企業は存在してはいけない、という強い考えをもっていたことに、とても驚きました。

日立製作所の歴史は、小平（浪平）さんから始まったとされています。しかし、文献に当たって歴史を調べていくと、小平さんが久原さんからいかに大きな影響を受けていたかが、はっきりしたかたちで見えてきました。もともと小平さんは秋田の小坂銅山に入社したのですが、小坂銅山の責任者が久原さんでした。久原さんは小坂銅山を復興させたのですが、そういう新しいことをやると疎まれることもあって、そこを離れたんですね。小平さんも、同じように小坂銅山を離れて働くうちに、現在の東京電力の前身である東京電燈に就職することをほとんど決めていたのです。

そこへ久原さんから連絡がきて、今度、赤沢銅山という日立にある銅山を買って、また自分の夢を始めたいと言う。小坂銅山もそうですが、鉱山はすごく山奥にあるので、ある意味で隔絶された社会になっています。そこで働く人が一生懸命働けて、その家族が楽しめて、地域の人々も一緒に過ごせるような場所をつくりたい、そういう会社を自分の手で始めたい、それが自分の夢だ、ということを久原さんは小平さんに伝えて、小平さんはすごく迷ったわけです。小平さんは小坂銅山で発電所をつくった実績があるので、このまま東京電燈に行けば、この先は順風満帆だと思っていたんですね。

結局、小平さんは、やはり自分は久原さんの元に戻るべきだと考えて、久原さんの鉱山に行き、そこから始まったのが日立製作所ということになるわけです。このように、日立は、人を大切にするということから始まった企業なんですね。鉱山ですから必然的に公害が出るわけですが、必要な賠償額をきちんと相談して、補償金を潤沢に出していました。それがだんだんかさんできて、実際、鉱山が発展しても採算は取りにくかったようですが。

公害に対してもいろんな対策を打っていて、そのひとつとして、これは海外から呼んだ技師たちの考えもあったと思うんですけど、高さ一五五・八メートル（海抜四八〇・七メートル）の巨大な煙突を建てているんです。当時、そんなに高い煙突を建てる技術はどこにもなくて、海外でもレンガづくりの煙突しかなかったんですね。そういう時代に、鉄筋コンクリート製の巨大な煙突を、世界ではじめて建てたんです。亜硫酸ガスは重くて下へ沈むので周囲が汚染されるのですけど、久原たちは高層気象を調べて、煙突をある高さ以上にすれば上昇気流が強くなるから、亜硫酸ガスは上空から広い地域に拡散して実害はないと考えた。最終的には、硫酸のかたちで完全に回収して、一切外に出さないようになるのですけど、それにはさらに数十年もの年月が必要だったわけです。

現地によく行きましたが、山の尾根の上に巨大な煙突がすっと立っているんです。台風なんかもくるわけですし、あれだけ巨大で倒れないものをよくつくったなと、いまだに信じられません。

石川　そうした技術や精神が、いまの日立製作所を支えているわけですね。

小泉　私は、すごくそう思っているんです。国産化も大切ですが、日立の大煙突は世界に例のない開発を、人々の幸せのために行ったのです。いま、研究開発本部がいろいろやっているけれども、その考えの原点は、日本鉱山が大煙突をつくったときの技術と精神にあると思います。当時は、お手本がまったくなかったわけですから、ものすごく苦心惨憺して工夫しているんです。誰もがこんなものはできっこない、と言っているなかで、あえてやったわけですから。そういうのが本当の研究だと思うんですね。

日立製作所にはそういう伝統があることが、実際に鉱山に行ってつぶさに見ているとすごくよくわかります。いままでつくってきた主なものの原型が、ほとんど全部、当時の日立鉱山にあるんですね。トロッコを引っ張る電気機関車、鉱山の竪穴で上下するためのエレベーター、密閉された地下の空間で削岩機などを駆動する圧縮空気用のモーター。それらすべてが日立の製品につながっています。さっきの高層気象の調査は、日本ではじめての高層気象台なんですね。それまで研究されていなかった高層気象を、観測気球をたくさん上げて調べているんです。

石川　小泉さんは、できっこないのをやるのが研究だとおっしゃっています。確かに、できそうなことはほかの人もやるわけですから、やはり難しいことをやらないとだめなんですね。そして難しいことをやるからこそ、長期間にわたって人の役に立つ、本物の社会実装につながるのかもしれません。小泉さんのご経験を聴かせていただいて、改めてそんなふうに思いました。

小泉英明（こいずみ・ひであき）
公益社団法人日本工学アカデミー上級副会長／国際委員長、東京大学先端科学技術研究センターフェロー／ボードメンバー、株式会社日立製作所名誉フェロー。東京大学教養学部基礎科学科卒業後、日立製作所にて基礎研究所所長、技師長、フェローを経て現職。原理創出（博士論文）した微量元素分析装置は環境計測を中心に広く普及し、近年、分析機器・科学機器遺産に認定。磁気共鳴血管撮像法（MRA）や光トポグラフィ法の原理を創出し実用化。また、国産初の超伝導ＭＲＩやｆＭＲＩ装置を開発し、医療と「脳と心」の研究に貢献。欧米・中国・豪州の研究機関のボードメンバー他を兼務。ローマ教皇庁科学アカデミー創立四〇〇周年にて招聘講演。主な著書に『アインシュタインの逆オメガ――脳の進化から教育を考える』（文藝春秋・二〇一四）、『脳の科学史――フロイトから脳地図、ＭＲＩへ』（角川ＳＳＣ新書・二〇一一）、『脳は出会いで育つ――「脳科学と教育」入門』（青灯社・二〇〇五）などがある。

第六章

人生は私に何をしてほしい?

篠田真貴子×石川善樹

（1）「天職」でなく「転職」を選ぶ

†使命は果たした。だから、辞めます

石川　篠田さんは、糸井重里さんが代表を務める「株式会社ほぼ日《にち》」のＣＦＯを二〇一八年一一月二五日に退任されました。どういう気持ちで退任を決断されたのでしょうか？

篠田　「あ、自分の役目が終わるってこういうことか」と、腑に落ちたタイミングがあったんです。

石川　なるほど。取締役を退任する場合、次に行きたい会社があるから辞める、というパターンもあると思うんですよ。そうではなかったんですね。

篠田　はい。最後まで責任を果たすのには力がいるので、次のことを考えるのは辞めたあとにしようと思ったんです。だから次に関しては、笑っちゃうくらいノーアイデアですね。

石川　ほぼ日は、一〇年勤められたんですよね。辞めてみていかがですか？

篠田　辞めた次の日、朝パソコンを開けて、いつもの調子でメールチェックしようとしたんですよ。私は普段、子どもたちに合わせて早めに寝て、早起きするという生活スタイルなんです。そうすると、夜やり取りされるメールがたまるので、勤めていたときはそれを朝チェックするのが日課で。

でも、当然ですけど会社のメールはもうないんですよね。「あっ、ないんだった！」と、あらためて辞めたことを実感しました。

石川　一〇年勤めると、知らない間に染み付いている習慣もいろいろありそうですね。

篠田　辞めることを発表したら、みなさん連絡をくださって。だから、仕事していないのに全然家にいられないんです。出社しているときと同じか、むしろ勤めてたときよりも忙しい（笑）。そんなに辞めていきなり生活が変わったという感じでもないですね。

†「天職」の時代から「転職」の時代へ

石川　今、篠田さんは、ハーフタイムなのかもしれないですね。

篠田　ハーフタイム？

石川　サッカーって、前半と後半の間にハーフタイムという休憩時間があるじゃないですか。私は、人生にもハーフタイムを設けることが必要なんじゃないかと思っているんです。休みなく走り続けるのは、キツくないですか？

篠田　いやあ、キツいですね。今五〇歳で、人生一〇〇年と考えたらちょうど半分。仕事人生が六〇歳までなら、このまま走りきれるかなと思いますが、ここから二〇年、もしかしたら三〇年働くとしたら、小休止は必要です。

あとは私の場合、これまでの経験の貯蓄だけで、あと二〇年働ける気がしないんです。なにか、スキルや物の考え方をインストールし直さないと無理だろうなと。五〇歳は、そういうタイミングなんですね。

石川　六〇歳以降も働くようになったこの時代、一つの会社で定年まで勤め上げるというのが、実はあんまり得策ではないかもしれません。

私は最近、幸福度が高い人について調査しています。そうすると、六〇歳くらいの定年まで勤め上げた人は、意外と幸せじゃないんです。これは男性についての調査結果なのですが、篠田さんみたいに五〇歳くらいで早期退職をした人のほうがハッピーなんですよ。おそらく、定年まで働いた人は、次もそれまでの経験を生かした何かを探そうとするのでしょうね。でも、そんな場所はなかなかなくて。

篠田 そうでしょうね。

石川 一方、五〇歳くらいで早期退職をした場合は、まだ全然違うことにチャレンジできる。そこでまた一苦労するのですが、新しい仕事や人間関係に適応できると、大きな自信になる。篠田さんがおっしゃるように、七〇歳、八〇歳まで働こうとするなら、五〇歳前後で一度ガラッと環境を変えるのはとてもいいみたいです。

篠田 同じ組織で六〇歳まで勤め上げると、「〇〇という組織にいる人」ということでアイデンティティが固まってしまうのかもしれませんね。その組織にいることが日常だと、そうでない自分がどういうものか、実感できなくなる。周りからも、定年まで勤めていたらずっと「元〇〇社の人」みたいに見られてしまう。自己像を変えていくのが大変なのかなと思いました。

私は何回か転職していますが、やっぱりそのたびに「違う組織に入った自分」って、頭ではわかっていても、実感を持てるようになるまで時間がかかると思っていました。

石川 篠田さんは、ほぼ日の前にどういう会社に勤められたんですか。

篠田 一九九一年に新卒で長期信用銀行に入社して、そのあと留学して、マッキンゼー、ノバルティスファーマ、ネスレ、ほぼ日です。

石川 九一年はまだ終身雇用が強固な時代ですよね?

篠田 そうです。長銀は九八年に経営破綻するんですけど、入った頃は傾くような気配はなく、わりと学生にも人気がある銀行でした。私は、「入った会社の仕事を〝天職〟と思え」という教えが生きていた、最後の世代かもしれません。

同期の男性は終身雇用が当然と思って入社している人がほとんどでしたし、女性でも「終身雇用制にコミットできないと思うから」とあえて一般職を選ぶ同期もいたくらいです。

石川 篠田さんは時代の空気に従わず転職を選んだ、と。

篠田 選んだというと前向きな感じですけど、実際はけっこうグダグダで。流れ流れてここまできた感じです。自分で決めたのって、長銀を辞めてビジネススクールに留学したときと、今回辞めたことくらいでしょうか。留学のあとマッキンゼーに入社したのも、流れでしたし。

石川 マッキンゼーのあとは、ノバルティスファーマ。

篠田 それもノバルティスに行きたいから辞めたのではなく、マッキンゼーで「そろそろお引き取りになられては」と肩をたたかれたからなんですよ。で、これまでの経歴を見て採用してくれたのがノバルティスだったんです。その次はネスレですが、それはノバルティスで私のいた事業部が、ネスレに買収されたから移籍しただけ。

石川　おおー、見事に篠田さんの意思はなく、流れにのってますね（笑）。

篠田　でしょう（笑）。ネスレもいい会社でしたが、移籍の直後に二人目を出産して産休に入ったんです。それで、外資系大企業のキャリアに行き詰まりを感じていたところほぼ日との出会いがあり、二〇〇八年に入社しました。どの転職も全然計画的でないし、自分の意思だったかというと、必ずしもそうではないなって。

石川　転がり続ける人生だったと。でも、そういうものですよね。二〇〜三〇代で「自分はこの仕事をするんだ！」という意志は、なかなか持てないと思うんですよ。

篠田　持っている人もまれにいますけど、それは標準ではないですよね。私は、自分や周りの人たちを振り返って、干支の一二年周期で変わっていくのかなあと最近思ったんです。それで以前にこんな表を書いてみました（［図5-1］）。Facebookで投稿したら結構みんなおもしろがってくれて。

三周目の二五歳から三六歳は、この世の中で生きるための、ある種スタンダードな行動規範や物事の価値基準を身につける期間。自分のスタイルを模索するのは、そのあとですよね。

石川　おもしろいですね。二〇歳やそこらの若者が、自分のスタイルなんかわかるわけないと。

年齢	時期	内容
0-12歳	子ども	「家庭」という社会の一員になっていく。
12-24歳	青年期	自我が確立し、周囲との関係をメタ認知し始める。
25-36歳	自立期	社会人／家庭人として、先人の培ってきた知恵やノウハウ、スキルを身につけ、力を発揮していく。教わったことを正しく上手にやる。
37-48歳	変容期	教わった「正しさ」を問い直し、自分のスタイルを模索していく。
49-60歳	実現期	自分のスタイル（好み）で、自ら力を発揮していく。
61-72歳	引継期	自分のスタイルを後進に伝え、後進が力を発揮できるようにしていく。
73-84歳	意味付け期	スタイルの違いを超えた、普遍的な人生の意味合いを体現していく。

［図5－1］

篠田　私が「自分はこういうことをすると、人に喜ばれるみたい」といったことがわかってきたのも、三七～四八歳の干支四周目だったんです。

（2）「つながり」から「おもしろい」を探す

†SNSが出てきて、「つながり方」が変わった

石川　私は、「よい人生＝GoodLife」を送るためには、こころ、からだ、つながりの面で、充実していることが重要だと考えているんです。社会的というのは、つながりとも言い換えられるんですが、人とのつながりにおいてなにか習慣化していることはありますか？

篠田　所属している組織に限らず、おもしろい人と会うこと、でしょうか。SNSをみんなが使うようになった時代の「つながり」って、それまでとは変わってきていますよね。本を読んで「この人おもしろい！」と思ったら、SNSで見つけてご連絡差し上げてもそ

んなに変じゃない。SNSがなければ生まれなかったつながりって、けっこうあるなと思います。

石川　思えば、私が篠田さんにお会いしたのもそういうご縁だったかもしれないですね。

篠田　確かにそうですね。あとこれは「つながり」でもあり「こころ」の習慣かもしれないですが、なにかトラブルが起きても、人のせいにせず、すべては自分のコントロール下であると思いこむこと、ですかね。

一見自分に厳しく見えますが、実はそのほうが楽なんですよね。人間関係でなにか嫌なことがあると、全体を高い視点から見る「俯瞰《ふかん》」の視点と、相手から自分を見るという「客観」の二つの視点で考えるんです。そうすると、相手のやったことも理解できる。それをFacebookに書いても大丈夫なぐらいに言語化できるまでになると、その話がちょっとおもしろくなってきます（笑）。

石川　おお、篠田さんのポストはそういう修業のたまものだったんですね！

篠田　まあ、いつもできてるわけではないんですけれど。でも、その境地までいけたときは知的喜びに変換されて、最終的に「本当にあのときはムッとしたけど、おかげでこういう人間理解を得られてよかった」という感謝にまでたどり着くんです。

†「世界は私に何をしてほしいのか？」という問い

石川　今はいろいろな人と会って、次に何をするか探しているというフェーズなんでしょうか。

篠田　そう。次のおもしろい仕事はなんだろう、という純粋な気持ちで探しています。おもしろいというと軽く聞こえるかもしれませんが、私は仕事が好きで、仕事の「おもしろい」の中には責任を果たすことも含まれているんです。だから、ちゃんと探したい。

あと、「おもしろい」には「自分だから役に立てる」という感覚も含まれています。客観的に見ていいお話でも、私が役に立てないならお断りしますし、私にできる仕事だけれど、それは私でなくてもいいという仕事も「ごめんなさい」です。意味がある形で役に立ちたいというのは、私の「おもしろい」のなかに大きな比率で入っています。

石川　そのお話を聞いて、「幸せ」という言葉について、以前考えたことを思い出しました。私、すぐ語源について調べちゃうんですけど（笑）、「しあわせ」はもともと「為合わせ」なのだそうです。「為」って、「ため」とも読むじゃないですか。

今は幸せというと、普通は自分の幸せのことですよね。でも昔は、自分が自分が、っていうんじゃなくて、誰かのためになったり、人に合わせて一緒に喜んだりするのが、「しあわせ」だったんじゃないかなと思ったことがあるんですよね。まあ、これ想像なんですけど。

篠田　それ、デイヴィッド・ブルックスの『あなたの人生の意味』という本に書いてあったことに近いかもしれない。その本には、人は「自らの成功の欲求」と、「よりよい人でありたい」という二つの欲求で生きている、と書かれているんです。

前者の「自らの成功の欲求」を象徴する質問は「私は何をなしたいのか」。そして後者の「よりよい人でありたい」は、慈善活動をするといった意味合いだけではなくて、「私の人生は、私に何をしてほしいのか」という問いかけなんです。この世における私のミッションってなんなのだろう、ということですね。

私にとって次の仕事を探す上で、後者の問いが重要なんです。この「篠田真貴子」をどこに置いて動かすと、一番周囲が活気づいておもしろいのか。そういうふうに考えています。

石川　おもしろいですね。篠田さんは、広く世の中を見ていて、その中で自分を「点」として捉えているのかもしれないですね。その点を、広大なマップのどこに位置づけるか。

篠田　点が動くと重心が変わって、周りの動きも変わる。そういう意味では「点」なのかもしれないです。

石川　そうそう、私は戦略って「重心」のことだと考えているんですよ。どこに重心があるのかを探り当てることが大事なんだなと。

篠田　会社のメンバーが点だとして、その人たちが動くと、その会社の重心は変わっていきますよね。プロジェクト単位でもそうです。私は、仕事の本質は関係性のなかにある、と思っています。

私と石川さん、私と◯◯さん……それぞれ、組み合わさるとぜんぜん違う仕事のアウトプットになる。お互いに引き出せるものが違うからです。「私」や「会社」が主語じゃなくて、その関係性がメインなんですよね。

石川　では、天職、転職ときて、次は「点職」の時代ですね！

篠田　すごくうまい感じにまとめていただきました（笑）。

篠田真貴子（しのだ・まきこ）

一九六八年東京都生まれ。小学一年から四年までを米国で過ごす。慶應義塾大学経済学部卒業後、一九九一年、日本長期信用銀行（現新生銀行）に入行。一九九六年から九九年にかけて、ペンシルバニア大学ウォートン校でMBAを、ジョンズ・ホプキンス大学で国際関係論の修士学位を取得。一九九八年にマッキンゼー・アンド・カンパニーにインターンで入社し、そのまま社員となる。二〇〇二年、ノバルティスファーマに転職。二〇〇三年、第一子出産。産休・育休から復帰後、メディカル・ニュートリション事業部の経営企画統括部長に就任。二〇〇七年、所属事業部がネスレに買収されたことにより、ネスレニュートリション株式会社に移籍。その年、第二子出産。二〇〇八年から二〇一八年まで東京糸井重里事務所の取締役CFOを務める。二〇二〇年三月、エール株式会社取締役就任。

人工知能の創造性を考える――長いあとがき

†人工知能研究の背後にロックフェラーあり

本書では、イノベーションをテーマに、創造的に考えることについて考えてきました。この本を閉じるにあたって、人工知能の創造性というものを考えてみたいと思います。人間はこれから、自分たちだけではなく、人工知能とともに考えることを模索していくようになるでしょう。では、当の人工知能にとって創造性とは何でしょうか。

意外かもしれませんが、人工知能が学問として花開くきっかけをつくったのは、石油王ことジョン・ロックフェラー（一八三九～一九三七）です。

ロックフェラーは貧しい家の出身ながら、三一歳のときにスタンダード石油会社を興し、アメリカ屈指の巨大財閥を築きあげました。その総資産は、現在の貨幣価値にして二五三〇億ドル（約二八兆円）。IT長者ビル・ゲイツと投資家ウォーレン・バフェットの総資産を合計しても一八兆円程度であり、途方もない金額といえるでしょう。

敬虔なバプテストであったロックフェラーは、「得られるすべてを得て、可能な限り節約し、すべてを与えなさい」という言葉を信条としていました。若い頃から収入の一〇パーセントを教会に寄付してきており、その一〇パーセントの金額は彼が裕福になるにつれ、とてつもない金額になっていきました。

そして一八九七年、六〇歳を目前にして仕事から引退したロックフェラーは、信条に従い、財産のほとんどを社会に還元することを決意しました。しかし、与えるといっても、一体どこの誰に与えるのか、という大きな問題が残りました。

というのもロックフェラーは、貧困や病気で困っている人に対して、一時的に金銭や援助を与えるという「慈善事業」は好まなかったのです。彼にいわせると、「非効率な病院や学校、公益事業に金を与えるのは無駄」もいいところで、その代わり可能な限り効率的かつインパクトの大きい事業に投資するほうが重要だと考えていました。

そして行われたのが「学問への投資」です。ルネサンス以降、未来の礎を創ってきたのは科学者でした。具体的には、新たな学問が誕生すると、そこに次なる産業が生まれ、文化も花開きました。

「学問→産業→文化」

このサイクルを回してきたのが、近代の歴史といえるでしょう。その系譜を受け継いだロックフェラーは、たとえば臨床医学とは全く異なる学問体系として、「予防医学」を打ち立てました。そして「人工知能」もまた、ロックフェラーの支援によって花開くことになるのでした。少しその歴史を振り返ってみましょう。

✝ダートマス会議の積み残し

一九五五年八月、ロックフェラー財団の下に一通の提案書が届きました。

「われわれは一九五六年の夏の二カ月間、一〇人の人工知能研究者がダートマス大学に集まることを提案する」

そのような書き出しではじまるこの提案書は、後に「ダートマス会議」として広く知られることになる会議を開催するため、資金援助を求めるものでした（余談になりますが、

「人工知能」という言葉は、この提案書の中で初めて使われたようです）。

こうして人工知能という学問が始まったわけですが、どんな学問分野であれ、その基本的な思想は誕生のときに最も明確な形をとることが多いものです。人工知能の場合は、まさにこのダートマス会議の提案書に、その原型がみてとれます。具体的には、以下のような宣言がなされています。

「……学習のあらゆる観点や知能のほかの機能を正確に説明することで機械がそれらをシミュレートできるようにするための基本的研究を進める」

このような大方針のもと、ダートマス会議では次に挙げる六つのテーマについて議論が行われました。

（1）Automatic Computers（コンピューター）
（2）How can a computer be programmed to use language?（自然言語処理）
（3）Neuron Nets（ニューラルネットワーク）

（4）Theory of the size of a calculation（計算理論）
（5）Self-improvement（自己研鑽）
（6）Abstractions（抽象化）
（7）Randomness and creativity（偶発性と創造性）

ひとつひとつについての詳細な説明は省きますが、たとえば（3）Neuron Netsなどは、いまやディープラーニング技術として学問の領域を飛び越え、産業での活用が進んでいます。

一方、ダートマス会議で議論はされたものの、その後すっかり忘れられたテーマもあります。それが（7）Randomness and creativityです。簡単に言えば、「創造性とは何か？」について計算論的に明らかにしようというものです。

いや、忘れられたというと語弊があるでしょう。一部の研究者たちの手によって、細々と研究が続けられてはいました。小さな一歩だとしても、しっかりと積み重ねていけば、いつかは遠くまでたどり着きます。

ようやく機が熟したのは、ダートマス会議から六〇年もの年月が経った二〇一二年。ある意味、人工知能研究における忘れられたテーマだった「創造性」に、突然スポットライトがあてられることになりました。舞台は、ＳＸＳＷ（サウス・バイ・サウスウエスト）という、テクノロジー×音楽×映画をテーマとした祭典でした。

†シェフ・ワトソンの誕生

ＩＢＭ。世界に冠たるテクノロジー企業であり、人工知能研究を先導し続けてきた巨人です。いうまでもなく、チェスの世界チャンピオンを破ったディープブルー、歴代の最強クイズ王を破った人工知能「IBM Watson」（ワトソン）。私たちをあっといわせてきたＩＢＭが次に目を付けたのが「創造性」でした。

「機械は創造するか？」

おそらくダートマス会議の時点ではあまりに荒唐無稽であったそのような問いは、いまや手の届く範囲にあるかもしれない。そう考えたＩＢＭは、一人の若き天才にミッションを託しました。彼の名はラヴ・ヴァーシュニー。ＳＸＳＷの場で「シェフ・ワトソン」として披露されることになる人工シェフを開発したリーダーです。

「創造性とは何か？　これを数学的に定義することがプロジェクトの核心でした」と、後にヴァーシュニーは述べています。そして彼は、二〇一三年に発表した論文の中で、次のようなアイデアを披露しています。

創造性＝新奇さ（Novelty）×質（Quality）

具体的には、新奇さは「ベイジアン・サプライズ」という数式によって、質は「食材に含まれる風味化合物の組み合わせ」によって評価することで、シェフ・ワトソンの基幹システムをつくり上げていきました。ちなみに勘のいい方は気づかれたかもしれませんが、私は第一章で芭蕉の創造性を「アップデート（新しさ）×アップグレード（質の高さ）」という軸で構造化しました。まさにこれは、ヴァーシュニーが定義した創造性の式と相似しています。

いずれにせよ、こうしてヴァーシュニーらは、ＳＸＳＷにてシェフ・ワトソンを発表しました。

「機械があたらしい料理をつくるらしいぞ?!」

もの珍しさからか、あるいは懐疑ゆえか、いずれにせよ多くの注目を浴びたシェフ・ワトソンが披露した料理に、来場者たちは舌鼓を打ちました。ＩＢＭとしても、「チェス→クイズ→料理」といった形で人工知能が描く未来を世界に披露することができ、大満足だったでしょう。

とはいえ、ヴァーシュニーの目には、まだやるべき仕事が見えていました。『WIRED』日本版からの「シェフ・ワトソンの次なる課題は何か？」という問いに対し、次のように答えています。

「味覚のパーソナライゼーションです。いまのシェフ・ワトソンは、あくまで一般的な人間を想定したシステムのため、特定の人の味覚を考慮したものではありません。この味覚のパーソナライゼーションが実現されると、あなた自身よりもコンピューターのほうが、あなたが食べたいものを理解するようになります」

そして何とも大胆なことに、ヴァーシュニーは具体的な日付とともに、次のような予言をしていました。

「二〇一七年までに、コンピューターはあなたの味覚をあなた以上に理解するでしょう」

ＩＢＭから大学（イリノイ大学アーバナ・シャンペーン校）へと籍を移したヴァーシュニーは、さらに研究を進めていきます。そして自らの予言通り二〇一七年三月、舞台は同じくSXSWにて、「味覚のパーソナライゼーション」を実現するシステムの提案を行いました。

Food Galaxyというアイデア

「そもそも、私たちの味覚とは何か?」

この問いに答えるために、ヴァーシュニーは風間正弘（データサイエンティスト）や出雲翔（デザイナー）、そして筆者とともに、次のようなアプローチをとりました。

ステップ1：世界各地のレシピを集めてFood Galaxyをつくる
ステップ2：Food Galaxyのなかで私たちの味覚がどこにあるのか特定する

そう言われてもよくわからないと思いますので、ひとつずつ説明しましょう。百聞は一見に如かず、なので実際にFood Galaxyがどのようなものか、見ていただきたいと思います。（図1）

このFood Galaxyは、世界各地から集められたレシピデータを「ベクトル化」するこ

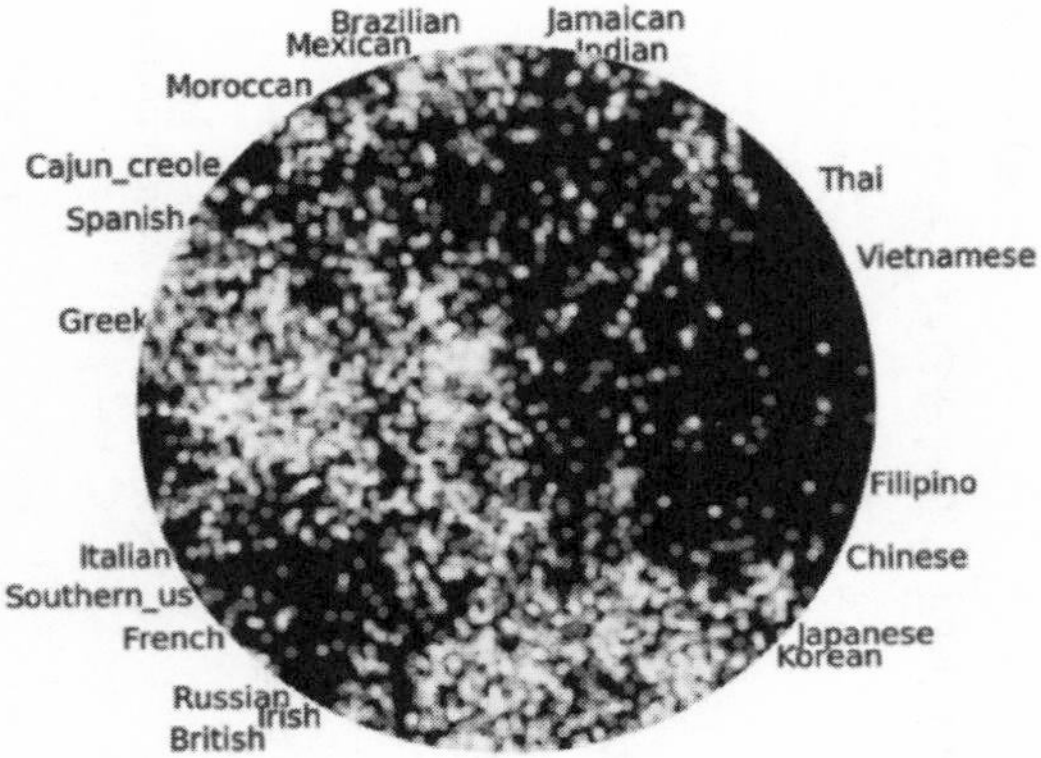

【図1】世界各地のレシピデータをもとに作成した「Food Galaxy」

とによってつくられた、ある意味「食の世界地図」のようなものです。円の内部で光っているひとつひとつの点は「食材」を、円の外周に表示されているJapaneseやItalianなどは「食のスタイル」をあらわしています。

こうしてFood Galaxyができたら、次のステップは「私たちの味覚の特定」です。例えば、あなたが過去一週間に食べたレシピを入力すると、このシステムは図2に示すように、Food Galaxyにおけるあなたの居場所を教えてくれます。

私たちの味覚が特定できたら、次は「私たちが食べたいもの」をコンピューターが提案するステップに移ります。ここで活用されるのは、ヴァーシュニーらが二〇一三年に提案

【図２】Food Galaxy における「味覚の特定」

した、創造性に関する数式です。繰り返しになりますが、創造性とは数学的に「新奇性（Novelty）」と「質（Flavor pleasantness）」によって定義することができます。

具体的には、「新奇性」とは、そのレシピがいまの自分にとってどれくらい新しいものなのか、「質」とは、そのレシピが自分の味覚とどれくらい合ったものなのかを意味しています。

すでに説明しましたように、ここで「新奇性」と「質」の間には、根本的なトレードオフが存在していることに注意しなければなりません。たとえば、発酵大豆である日本の納豆は、アメリカ人にとって「新奇」ではあっても、「質」という観点からはなじみが低く

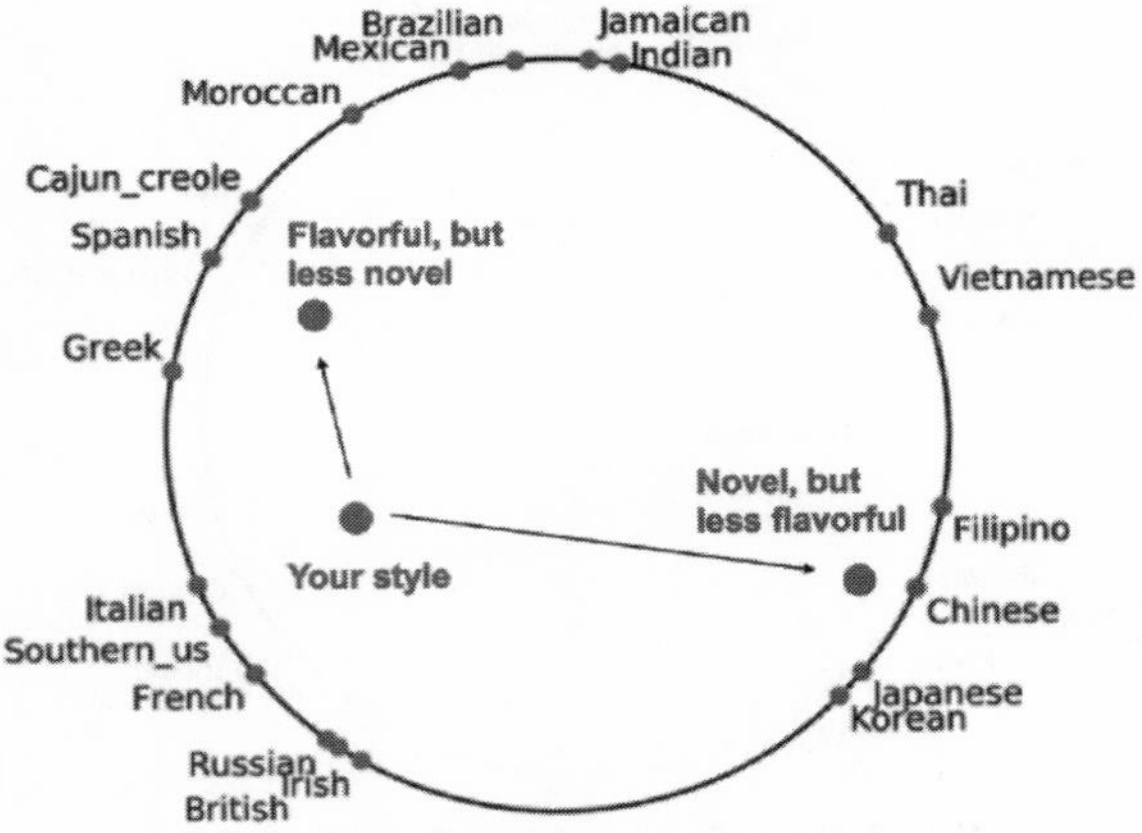

【図3】「新奇性」と「質」の関係

なるでしょう（図3）。

以上のような仕組みによって、コンピューターは私たちの味覚を理解し、次に何を食べたいのかを提案できるようになる——といった内容を、私たちは二〇一七年のSXSWで披露し、改めて大きな注目を集めました。

ちなみにこのシステムを使うと、面白い遊びができます。それは、「料理スタイルの変換」です。例えば、日本のすき焼きを「フレンチ風」に変換するとすれば、それはどのようなものになるでしょうか？

私たちは遊び心からそのような研究を行い、Frontiers in ICTという雑誌に論文を発表しました。たとえば次頁の表は、オリジナルのすき焼きに含まれる食材を何に変えると、フ

食材の変更数	オリジナルの食材	変更後の食材	日本度合い	フレンチ度合い
0	–	–	0.974	0
1	みりん	カルヴァドス(蒸留酒)	0.552	0.009
2	植物油	オリーブオイル	0.393	0.031
3	醤油	ブーケガルニ(香草類)	0.011	0.976
4	長ネギ	タラゴン(香辛料)	0.000	0.997
5	卵	バター	0.000	0.999

「フレンチ風すき焼き」の食材とフレンチ度合いの変化

レンチ度がどれだけ高まるのかを示したものです。

話はこれで終わりません。私たちの研究チームには、南仏ニースで活躍するシェフ・松嶋啓介がいます。なんと松嶋は、実際にシステムが提案した「フレンチ風すき焼き」をつくってみせたのです。

「人工知能が提案したフレンチ風すき焼きは、理屈としては正しい。ただ、プロの料理人としていわせてもらうと、もっと頑張って欲しいですね(笑)。提案された食材は納得がいくが、全体としてのハーモニーをみると、もう一歩足りないところがあります」

松嶋シェフはそう述べています。まだまだ、研究に終わりはないようです。

フレンチ風すき焼きの材料。右からカルヴァドス、オリーブオイル、タラゴン、バター、ブーケガルニ、牛肉。

完成したフレンチ風すき焼き。

frontiers in ICT

ORIGINAL RESEARCH
published: 19 July 2018
doi: 10.3389/fict.2018.00014

A Neural Network System for Transformation of Regional Cuisine Style

Masahiro Kazama[1], *Minami Sugimoto*[2], *Chizuru Hosokawa*[2], *Keisuke Matsushima*[3], *Lav R. Varshney*[4] *and Yoshiki Ishikawa*[1]*

[1] Habitech Inc., Tokyo, Japan, [2] Department of Public Health, Cancer Scan Inc., Tokyo, Japan, [3] Keisuke Matsushima, Nice, France, [4] Department of Electrical and Computer Engineering, University of Illinois at Urbana-Champaign, Urbana, IL, United States

We propose a novel system which can transform a recipe into any selected regional style (e.g., Japanese, Mediterranean, or Italian). This system has two characteristics. First the system can identify the degree of regional cuisine style mixture of any selected recipe and visualize such regional cuisine style mixtures using barycentric Newton diagrams. Second, the system can suggest ingredient substitutions through an extended word2vec model, such that a recipe becomes more authentic for any selected regional cuisine style. Drawing on a large number of recipes from Yummly, an example shows how the proposed system can transform a traditional Japanese recipe, Sukiyaki, into French style.

Keywords: food, big data, regional cuisine style, newton diagram, neural network, word2vec

OPEN ACCESS

Edited by:
Tom Crick,
Swansea University, United Kingdom

Reviewed by:
Gokarna Sharma,
Kent State University, United States
Hyejin Youn,
Northwestern University, United States
Jonathan Gillard,
Cardiff University, United Kingdom

Correspondence:
Yoshiki Ishikawa
ishikun@gmail.com

Specialty section:
This article was submitted to Big Data Networks, a section of the journal Frontiers in ICT

Received: *31 January 2017*
Accepted: *12 June 2018*
Published: *19 July 2018*

Citation:
Kazama M, Sugimoto M, Hosokawa C, Matsushima K, Varshney LR and Ishikawa Y (2018) A Neural Network System for Transformation of Regional Cuisine Style. Front. ICT 5:14. doi: 10.3389/fict.2018.00014

1. INTRODUCTION

With growing diversity in personal food preference and regional cuisine style, personalized information systems that can transform a recipe into any selected regional cuisine style that a user might prefer would help food companies and professional chefs create new recipes.

To achieve this goal, there are two significant challenges: 1) identifying the degree of regional cuisine style mixture of any selected recipe; and 2) developing an algorithm that shifts a recipe into any selected regional cuisine style.

As to the former challenge, with growing globalization and economic development, it is becoming difficult to identify a recipe's regional cuisine style with specific traditional styles since regional cuisine patterns have been changing and converging in many countries throughout Asia, Europe, and elsewhere (Khoury et al., 2014). Regarding the latter challenge, to the best of our knowledge, little attention has been paid to developing algorithms which transform a recipe's regional cuisine style into any selected regional cuisine pattern, cf. (Pinel and Varshney, 2014; Pinel et al., 2014). Previous studies have focused on developing an algorithm which suggests replaceable ingredients based on cooking action (Shidochi et al., 2009), degree of similarity among ingredient (Nozawa et al., 2014), ingredient network (Teng et al., 2012), degree of typicality of ingredient (Yokoi et al., 2015), and flavor (foodpairing.com).

The aim of this study is to propose a novel data-driven system for transformation of regional cuisine style. This system has two characteristics. First, we propose a new method for identifying a recipe's regional cuisine style mixture by calculating the contribution of each ingredient to certain regional cuisine patterns, such as Mediterranean, French, or Japanese, by drawing on ingredient prevalence data from large recipe repositories. Also the system visualizes a recipe's regional cuisine style mixture in two-dimensional space under barycentric coordinates using what we call a

“Frontiers in ICT” の論文

†人工知能シェフの開発の今後

"You are what you eat"（私たちは、私たちが食べるものでできている）という古いことわざがあります。しかし、シェフ・ワトソンやFood Galaxyといった人工知能の時代には、次のような言葉に変わっているかもしれません。

"You are what AI cooks"（私たちは、人工知能がつくるものでできている）

「創造性」をめぐる私たちの人工知能研究は、こうして「料理」を入り口に、「ファッション」や「音楽」「言葉」、「空間・建築」などさまざまな領域に拡張してきています。まだ手探り状態なものの、どうやら「創造性」の原理が「概念（コンセプト）」にありそうだという直観が得られ、いま私たちは人類がこれまでに創り出し、長きにわたって紡いできた「概念」を扱う研究を始めたところです。具体的には、「計算概念工学（Computational Concept Engineering）」という研究分野を創り出し、世界各地の研究者たちとコラボを行っています。その成果については、また次の機会に述べることにして、ここで本書を閉じたいと思います。

しめの言葉

さて、本書は「創造的に考えるとは何か?」をテーマに、私はどう思考したか(第一章)、そして私が強く影響を受けた方々(第二章〜第六章)、創造性に関する私の研究(長いあとがき)について述べてきました。言いたいことはすべて言いましたので、ここからはオマケとして「考える」ことに関する持論を述べていきたいと思います。

いきなり虚をつくような話になりますが、私は「考えることに価値はない」と考えています。なぜなら、「実行」してはじめて価値が生まれるからです。ゆえに限られた時間の中で価値を出すため、考える時間をできる限り減らし、実行に時間が使えるよう心掛けてきました。

だからでしょうか。

いつの頃からか私は、周りに対して次のような宣言をするようになっていました。

「私は難しい問題を解くのが仕事です。そして必ずその場で答えを出します」

どんなに難しい問題であったとしても、仮でもいいので答えを出します。そして意思決定し、前に進んでいく。そういう私の覚悟の現れでもあります。

そんなことはあり得ないと思われるかもしれません。もちろん、これまで何度もその場で答えを出せず、悔しい想いをしてきました。しかし、そのたびになぜ解けなかったのか反省し、次に活かしてきました。

難しい問題であればなんでもいい。それが学問であれ、ビジネスであれ、政治であれ、どんな問題でも必ずその場で創造的な答えを出す。そして前に進んでいく。

そのために大事なのは「自分は何者か?」というセルフイメージと「覚悟」なのでしょう。特に私は、プレッシャーを受ければ受けるほど創造性が発揮されるタイプのようです。

「さて、お手並み拝見」

という周りのニヤニヤした視線を感じながら、限られた時間の中で創造的な答えを考え出す。そんなことをこの数年間はひたすら繰り返してきました。もちろん、まだまだ修業の過程ではあるものの、ここで一度自分の思考を振り返り、その軌跡を整理しておくことには一定の意味があるのではないか。そんな提案を受けました。

「いや、未熟すぎて意味がないと思います」

……いやがる私を説得し、本書が刊行されることになったのは、前作（『問い続ける力』ちくま新書）からの担当編集者である羽田雅美さんのおかげです。そしてそれを分かりやすく構成してくださったのも、前作に引き続き斎藤哲也さんです（ちなみに斎藤さんは、『試験に出る哲学――「センター試験」で西洋思想に入門する』（NHK出版新書）が大ヒット中です。私も楽しく勉強させていただきました）。

正直、本を出すというのは恥ずかしい行為です。というのも、本が出る頃には思考も進化していますので、本にまとめた内容があまりに稚拙に見えるのです。かといって、思考が体系化され完成されるのを待っていると、永遠に本が出ることはありません。

「価値とは、考えることではなく、実行にあり」

という話を自分でしておきながら、ついつい考えたくなってしまう自分がいるのだと、改めて気が付いた次第です。強く反省したいと思います。

そして何よりも、未熟な思考に付き合い、ここまで読んでくださったみなさまには感謝したいです。本書は何か一つの「考える型」なり「正解」を示したわけではなく、あくまでも私の個人的な成長のプロセスを記述したものでしかありません。それゆえ、どれほどみなさまの参考になっているのか不明すぎますが、「もし自分が〝創造的に考える〟というテーマで本を書くならどうするだろうか?」という観点から、一つのメルクマールになっているなら嬉しい限りです。

最後に。

いつまで経っても頼りない私を頼ってくれている妻の理沙子、そしてもうすぐ五歳になる息子に感謝いたします。仕事から帰って心から安らげるのは、二人のおかげです。いつもありがとう。

二〇二〇年二月末日　渋谷のオフィスにて

石川　善樹

＊初出一覧

第二章『Hills Life』（二〇一七年八月八日）
第三章『Hills Life』（二〇一八年一月九日）
第四章『Hills Life』（二〇一八年五月六日）
第五章「MEET THE HIDDEN GEM」（『WIRED』Vol.34・二〇一九年九月）
第六章「News Picks」（二〇一九年一月一七日）提供：ネスレ日本（株）、構成：崎谷実穂
長いあとがき「数学的に定義した「創造性」の実力を、人工知能が考えた「フレンチ風すき焼き」に見た」（『WIRED』二〇一七年七月）

構成　斎藤哲也

図表作成＝朝日メディアインターナショナル株式会社

ちくま新書
1491

考《かんが》え続《つづ》ける力《ちから》

二〇二〇年五月一〇日 第一刷発行

著者 石川善樹（いしかわ・よしき）

発行者 喜入冬子

発行所 株式会社 筑摩書房
東京都台東区蔵前二-五-三 郵便番号一一一-八七五五
電話番号〇三-五六八七-二六〇一（代表）

装幀者 間村俊一

印刷・製本 三松堂印刷 株式会社

ISBN978-4-480-07316-7 C0295

ちくま新書

1399 問い続ける力 石川善樹
「自分で考えなさい」と言われるが、何をどう考えればいいのだろうか？ 様々な分野の達人９人をたずね、それぞれの問いのたて方、そして問い続ける力を探り出す。

1409 不道徳的倫理学講義 ――人生にとって運とは何か 古田徹也
私たちの人生を大きく左右するにもかかわらず、倫理学では無視されがちな「運」をめぐる是非。それらの議論を古代から現代までたどり、人間の生の在り方を探る。

1340 思考を鍛えるメモ力 齋藤孝
メモの習慣さえつければ、仕事の効率が上がるだけでなく思考が鍛えられる。基本のメモ力から、攻めのメモ力の技術、さらに大谷翔平等から学ぶ「鬼のメモ力」とは。

1045 思考実験 ――世界と哲学をつなぐ75問 岡本裕一朗
「考える」ための最良の問題を用意しました！ 古典的な哲学の難問や複雑な現代を象徴する事件を思考することで、一皮むけた議論ができるようになる。

1060 哲学入門 戸田山和久
言葉の意味とは何か。私たちは自由意志をもつのか。人生に意味はあるか……こうした哲学の中心問題を科学が明らかにした世界像の中で考え抜く、常識破りの入門書。

1352 情報生産者になる 上野千鶴子
問いの立て方、データ収集、分析、アウトプットまで、新たな知を生産し発信するための方法を全部詰め込んだ一冊。学生はもちろん、すべての学びたい人たちへ。

661 「奥の細道」をよむ 長谷川櫂
流転してやまない人の世の苦しみ。それをどう受け容れるのか。芭蕉は旅にその答えを見出した。芭蕉が得た大いなる境涯とは――。全行程を追体験しながら読み解く。